应用型物流管理"十二五"系列规划教材
编审委员会

主　任　李举毅

副主任　李如姣

委　员（按姓氏笔画排序）

　　　　　石文明　李如姣　李举毅　余　柳

　　　　　林珍平　冼碧霞　黄红丽　曾令玉

　　　　　谢树珍　游艳雯

应用型物流管理"十二五"系列规划教材

走进物流

李举毅 主编
林珍平 余柳 副主编

化学工业出版社
·北京·

本书是应用型物流管理"十二五"系列规划教材之一,教材以行动导向课程模式为主旨编写。全书共分 5 个技能训练模块:走近物流;现代物流的昨天、今天和明天;形形色色的物流;揭开现代物流神秘的面纱;物流职业生涯规划。

本书可作为中等职业学校物流专业教学用书,同时也可供物流企业、生产企业的相关工作人员及管理人员自学、培训之用。

图书在版编目(CIP)数据

走进物流/李举毅主编 . —北京:化学工业出版社,2010.6(2022.8重印)
(应用型物流管理"十二五"系列规划教材)
ISBN 978-7-122-07197-2

Ⅰ. 走… Ⅱ. 李… Ⅲ. 物流-教材 Ⅳ.F252

中国版本图书馆 CIP 数据核字(2010)第 071819 号

责任编辑:宋湘玲　　　　　　　　　装帧设计:尹琳琳
责任校对:吴　静

出版发行:化学工业出版社(北京市东城区青年湖南街 13 号　邮政编码 100011)
印　　装:北京印刷集团有限责任公司
787mm×1092mm　1/16　印张 7¾　字数 185 千字　2022 年 8 月北京第 1 版第 6 次印刷

购书咨询:010-64518888　　　　　　　售后服务:010-64518899
网　　址:http://www.cip.com.cn
凡购买本书,如有缺损质量问题,本社销售中心负责调换。

定　　价:26.00 元　　　　　　　　　　　　　　　　　　版权所有　违者必究

编写说明

按照教育部关于《21世纪职业教育发展纲要指导》，中等职业教育课程理论课与实践课的比例为1:1，许多中等职业学校也经常强调要加大实践教学。实际上，在以文科类为主的中等职业学校中，绝大多数的学校只能尽量实现教育部"理论课与实践课的比例为1:1"的教学方式，因为文科类与理工科类不同，理工科类容易达到"理论课与实践课为1:1"比例，而文科类则难以达到。造成这一现状的主要原因是文科类专业的教材理论较多、实训较少。我们知道从满足社会需求来看，职业教育侧重培养生产、服务和管理第一线的应用型职业人才，作为不同于普通教育的另外一种类型的教育，职业教育有着自己独特的规律和特点。因此，我们的教材就应该具有自己职业教育的特点，而不能完全照搬普通教育以学科体系为主的教材模式。

广州市商贸职业学校目前是广东省仅有的两所被省教育厅定为重点物流专业的学校之一。学校教师负责国家教育部组织的"现代物流专业紧缺人才培养培训教学指导方案"的主持和起草工作，完成了部分专业核心课程统编教材的编写工作，为国家中等职业学校现代物流专业的建设发挥了示范性作用。学校物流教师为了促进职业学校课程设置的改革，根据自身的办学特点以及物流企业对中职学生的职业技能要求，与时俱进，联合企业界的专家以及其他兄弟学校拟开发出一套适合中职学生使用的应用型物流管理"十二五"系列规划教材。本套教材共计11本，分别是《走进物流》、《仓储作业实务》、《运输作业实务》、《物流机械设施与设备》、《物流地理》、《物流客户服务操作实务》、《国际货代与通关》、《物流营销操作实务》、《物流法律法规》、《物流综合实训》、《物流礼仪操作实务》，分三批出版。

本套教材的基本编写思路如下。

1. 根据物流专业毕业学生的主要去向，确定将来物流专业学生就业的岗位群。
2. 先后邀请物流行业专家与物流教育界的专家，分析岗位群各工作岗位的工作任务。

① 曾先后邀请了14位来自不同物流企业，不同岗位的物流行业专家，进行了三次工作任务分析会。这些行业专家的工作主要覆盖了仓储、铁路运输、公路运输、报关、营销、客服和配送等岗位。职务都是企业的中层管理人员和主管。采取头脑风暴法让各位专家充分发表各自的意见，然后将这些意见用EXCEL电子表格完整记录下来。

② 行业专家岗位分析完成之后，又邀请了10位从事物流专业相关学科教学的教育专家，对行业专家分析出来的岗位任务，从课程的构建、教学的要求，进行分析整理，确定了公共专业模块课程和专业模块课程。

3. 从这些经过行业专家及教育专家分析整理过的工作任务中筛选出具有共性与代表性的若干项典型工作任务。
4. 根据典型工作任务，构建课程结构。将与某一岗位相关联的典型任务构建成一个专业方向课程，将与多个岗位相关联的典型工作任务构建成专业通用模块的课程。
5. 为已确定的课程编写课程标准，明确课程的目标、内容和要求。
6. 根据课程标准，组织老师编写教材内容。

本套教材的主要特点如下。

1. 教材体现了广州市商贸职业学校教师独创的教学方法——PIPA〔过程（Program）、

仿真（Imitation）、实践（Practice）、任务（Assignment）]教学法。

2. 教材的结构打破了学科体系的模式，坚持"任务驱动、行动引导"的指导思想，将教材构建成七个部分，它们分别是【行动目标】、【行动准备】、【行动过程】、【行动锦囊】、【行动链接】、【行动评价】和【行动加固】。教师在【行动过程】中下达任务书后，学生根据【行动锦囊】和【行动链接】以团队合作（情景模拟、集体讨论、小组竞赛、角色扮演、项目教学法、案例教学法、仿真教学法等）的方式完成任务。【行动锦囊】没有完整的理论体系描述，主要是完成任务的相关理论知识的精髓，用来启发学生思维和引导学生完成任务书的内容。

3. 教材转变了教师在教学活动中的角色，即由传统的主角、教学的组织领导者变为教学活动的引导者、学习辅导者和主持人。教师不再使学生处于被动地位，而使其处于积极的、独立的地位；教师不仅是给学生灌输知识，还使学生的手和心都动起来，让学生独立自主地设计完成自己的学习任务，充分体现了教师的主导地位、学生的主体地位，更注重于培养学生的联想与想象能力、分析推理能力、人际交往能力、口头表达能力、社会责任感以及创新能力。实现了"把课堂还给学生，让学生主宰课堂"，教师不该讲的不讲，学生学会了的不讲，自己会解决的不讲。

4. 教材编写以校企合作、工学结合培养专业技能人才为目标，注重能力本位的原则，力求突出"理论够用、重在实操"和"简单明了、方便实用"的特色，内容具有较强的应用性和针对性。编写的目的主要是为了培养具有良好职业道德、具有一定理论知识、具有较强操作和实践能力的、为企业所欢迎的技能应用型物流作业操作人才。

5. 教材图文并茂，以提高学生的学习兴趣，加深学生对运输作业知识的理解与掌握。教材配置专门的PPT和视频资料（如需要该资料请联系 sxl_2004@126.com 或 48370924@qq.com），以满足教师教学与学生自学的需要。此套教材极大地方便了教师的备课和授课，也改变了教师课堂上仅凭一张嘴、一块黑板、几根粉笔的传统授课模式，在一定程度上减轻了教师的授课压力。

本套教材中，我们极大范围内考虑了实操的可能性，有许多实训项目都可以在教室直接进行，如果有些项目必须在实训室做而学校暂时又没有物流实训室，可用模拟的实训场地来代替。

本套教材是职业学校物流专业课程有效性教学改革的初步探讨，还有许多不成熟和有待完善的地方，敬请各位同仁提出宝贵的意见，以便修订时加以完善。

应用型物流管理"十二五"系列规划教材编审委员会
2009年12月

前 言

本书隶属于应用型物流管理"十二五"系列规划教材。为了使本书能真正契合中等职业学校物流教育的需求，编者精心总结，综合了多年企业工作经验及物流教学教研经验编写而成。

本书共分 5 个技能训练模块：走近物流；现代物流的昨天、今天和明天；形形色色的物流；揭开现代物流神秘的面纱；物流职业生涯规划。本书既可以作为中等职业学校的教学用书，也可作为企业培训及物流从业人员的自学用书。

本书的主要特点如下。

（1）教材编写不拘一格，内容和形式多样，体现学生的主体地位，让学生在课堂上有更多自主学习和自由发挥的空间。

（2）教材的结构打破了学科体系的模式，任务驱动，行动引导，简单实用。

（3）教材内容与时俱进，特别注重理论联系实际。

（4）教材避免内容过度抽象、深奥叙述，教材语言简洁、通俗易懂，尽量利于教师教学、学生自学。

（5）教材针对中职学生认知特点，突出新颖性和趣味性。

（6）教材教学设计充分体现职业技能教育与德育教育、情感教育和职业生涯规划教育内容相结合。

本书由广州市商贸职业学校李举毅任主编，广州市商贸职业学校林珍平和远成集团有限公司副总经理余柳任副主编。具体分工如下：林珍平编写技能训练模块一，广州市番禺区工贸职业技术学校刘志贤编写技能训练模块二，广州市市政职业学校谢树珍编写技能训练模块三，余柳编写技能训练模块四，广州市商贸职业学校凌燕华编写技能训练模块五。由李举毅对本书进行审核、修改并统稿。在此特别感谢远成集团有限公司给本书提供了大量案例和参考意见，同时向所有支持和关心本书编写的领导和同仁表示最衷心的感谢。

本书是职业学校物流专业课程设置改革的探讨教材，书中难免存在不成熟和有待完善的地方，敬请各位专家、同仁批评指正。

编　者
2010 年 2 月

目 录

第一模块　走近物流 …………………………………………………………………… 1

　　技能训练任务一　物流是什么 ……………………………………………………… 1
　　技能训练任务二　物流的行业特点 ………………………………………………… 6
　　技能训练任务三　物流的效用 ……………………………………………………… 18

第二模块　现代物流的昨天、今天和明天 …………………………………………… 24

　　技能训练任务一　物流的昨天 ……………………………………………………… 24
　　技能训练任务二　物流的今天 ……………………………………………………… 27
　　技能训练任务三　物流的明天 ……………………………………………………… 31

第三模块　形形色色的物流 …………………………………………………………… 34

　　技能训练任务一　从物流的经营业务类型来认识物流 …………………………… 34
　　技能训练任务二　从物流的服务范围认识物流 …………………………………… 41
　　技能训练任务三　从物流在国民经济中的位置来认识物流 ……………………… 43

第四模块　揭开现代物流神秘的面纱 ………………………………………………… 46

　　技能训练任务一　储存业务是什么 ………………………………………………… 46
　　技能训练任务二　运输业务是什么 ………………………………………………… 52
　　技能训练任务三　客户服务是什么 ………………………………………………… 56
　　技能训练任务四　国际货代和通关是什么 ………………………………………… 60
　　技能训练任务五　物流信息是什么 ………………………………………………… 65
　　技能训练任务六　物流辅助功能 …………………………………………………… 69

第五模块　物流职业生涯规划 ………………………………………………………… 79

　　技能训练任务一　认识物流企业的组织构成与工作岗位 ………………………… 79
　　技能训练任务二　分析自我发展条件 ……………………………………………… 83
　　技能训练任务三　个人职业生涯规划 ……………………………………………… 91

附录　物流术语（修订版）GB/T 18354—2006 …………………………………… 99

参考文献 ………………………………………………………………………………… 116

第一模块　走近物流

【本模块的学习目标】

通过本模块的学习，我们会对物流行业有个初步的了解，能够掌握现代物流的一些基本概念及行业术语，初步了解物流的行业特点及行业动态，并理解物流的本质即物流是如何创造价值的。

技能训练任务一　物流是什么

【行动目标】

21世纪，物流业在世界各地蓬勃发展，她给我们呈现的是一片欣欣向荣的景象。今天，大家选择了物流专业作为自己人生学习的一个新起点，那么，你心目中的物流到底是怎么样的？你为什么选择了物流这个专业呢？今天，我们将一起来分享大家对物流的看法和理解，一起来解答大家对物流的困惑，让我们慢慢向物流靠近。

通过本行动的学习和训练，我们将能够了解以下几个方面。

(1) 了解物流的一些基本概念。

(2) 了解物流的一些行业术语。

(3) 感受头脑风暴法相互学习的魅力。

【行动准备】

(1) 全班分4组，为自己的组起一个名字，选出组长。

(2) 多媒体教学系统（课件）、"走近物流"技能训练表格。

(3) 上网或利用其他工具查找相关理论知识。

【行动过程】

第一步骤：教师下达任务书。

第二步骤：小组讨论和完成"组员发言"、"论题小结"、"组长评价"任务。

第三步骤：小组成果展示：每一组派一名代表将小组讨论的结果向大家展示，展示内容包括。

(1) 论题小结。

(2) 组员表现评价。

第四步骤：教师对学生的行为进行点评和对知识内容进行总结，然后引出相关的行动锦囊。

任务书

完成"走近物流"技能训练任务（见表1-1）。

(1) 组长组织组员采取头脑风暴法完成"你心目中的物流是怎样的？你为什么选择物流专业？"的讨论，将各组员的发言记录下来。

(2) 组长或某一组员将本组同学的发言归纳整理。

(3) 组长对组员的表现进行简要评价。

表 1-1 "走近物流"技能训练

班 级		小组名称		组 长	
组成员	姓名： 学号：				
活动主题	谈谈自己对物流的看法,你心目中的物流是怎样的？你为什么选择物流专业？				
组员发言					
论题小结					
组长对组员的评价					
教师点评					

【行动锦囊】

物流的概念

1. 物流（Logistics）

根据 2001 年 8 月公布的中华人民共和国国家标准《物流术语》（GB/T18564—2001）中将物流定义为：物品从供应地向接收地的实体流动过程。根据实际需要，将运输、储存、装卸、搬运、包装、流通加工、配送、信息处理等基本功能实施有机结合。

2. 物品（Article）

根据《物流术语》的定义，物品则指的是，经济活动中涉及实体流动的物质资料。

3. 商流（Commercial trend）

商流指的是商品买卖过程，其本质是商品所有权的有偿转移。

4. 物流信息（Logistics information）

反映物流各种活动内容的知识、资料、图像、数据、文件的总称。

锦囊二　现代物流与传统物流的区别

传统物流一般指产品出厂后的包装、运输、装卸、仓储，而现代物流提出了物流系统化或叫总体物流、综合物流管理的概念，并付诸实施。具体地说，就是使物流向两头延伸并加入新的内涵，使社会物流与企业物流有机结合在一起，从采购物流开始，经过生产物流，再进入销售物流，与此同时，要经过包装、运输、仓储、装卸、加工配送到达用户（消费者）手中，最后还有回收物流。可以这样讲，现代物流包含了产品从"生"到"死"的整个物理性的流通全过程。

传统物流与现代物流的区别主要表现在以下几个方面。

(1) 传统物流只提供简单的位移，现代物流则提供增值服务。
(2) 传统物流是被动服务，现代物流是主动服务。
(3) 传统物流实行人工控制，现代物流实施信息管理。
(4) 传统物流无统一服务标准，现代物流实施标准化服务。
(5) 传统物流侧重点到点或线到线服务，现代物流构建全球服务网络。
(6) 传统物流是单一环节的管理，现代物流是整体系统优化。

锦囊三　物流、商流与信息流的关系

（1）流通首先是从商流开始，商流的产生是由于市场的扩大造成生产与消费之间的社会阻隔，即生产者与消费者的不一致。

（2）物流是伴随着商流而产生的，但它又是商流的物质内容和物质基础。

（3）信息流则贯彻于商流、物流全过程，它既是商流、物流的产物，又对商流、物流的顺利进行起着规划、指导和控制作用。

商流与物流的关系可以概括为如下几种情况。

（1）有商流而无物流，如产权交易。

（2）有物流而无商流，如企业内部调拨物流。

（3）有商流和输入物流（指采购过程的物流）而无输出物流（指销售过程的物流），如房地产开发企业和一些服务企业。

（4）有商流也有物流，但时间上不同步，如商品的信用交易。

（5）有商流也有物流，但流转路径不同，如第三方物流、电子商务物流。

（6）商流、物流合一，如商品配送。

锦囊四　什么叫第一方物流、第二方物流、第三方物流和第四方物流

第一方物流是指由卖方、生产者或供应方组织的物流，这些组织的核心业务是生产和供应物品，为了自身生产和销售业务需要而进行物流自身网络及设施设备的投资、经营与管理。

第二方物流是指由买方、销售者组织的物流，这些组织的核心业务是采购并销售物品，为了销售业务需要投资建设物流网络、物流设施和设备，并进行具体的物流业务运作组织和管理。

第三方物流（Third party logistics，简称3PL或TPL）是20世纪80年代中期由欧美提出的。在1988年美国物流管理委员会的一项顾客服务调查中，首次提到"第三方服务提供者"一词。目前对于第三方物流解释很多，国外尚没有一个统一的定义，而在国标《物流术语》中，将第三方物流定义为供方与需方以外的物流企业提供物流服务的业务模式。

第四方物流是指为第三方物流企业提供咨询、服务与支持的物流活动参与实体。

第三方物流给客户带来了什么益处?

1. 集中主业

企业能够实现资源优化配置,将有限的人力、财力集中于核心业务,进行重点研究,发展基本技术,努力开发出新产品参与世界竞争。

2. 节省费用,减少资本积压

专业的第三方物流提供者利用规模生产的专业优势和成本优势,通过提高各环节能力的利用率节省费用,使企业能从分离费用结构中获益。

3. 减少库存

企业不能承担原料和库存的无限拉长,尤其是高价值的部件要求及时送往装配点以保证库存的最小量。

4. 提升企业形象

第三方物流提供者与顾客,不是竞争对手,而是战略伙伴,他们为顾客着想,通过全球性的信息网络使顾客的供应链管理完全透明化,顾客随时可通过 Internet 了解供应链的情况。

以上种种原因,极大地推动了第三方物流的发展,使第三方物流服务成为 21 世纪国际物流发展的主流。

【行动评价】

"物流是什么"技能训练任务评价表

小组		成员				
考评标准	项目	分值/分	自我评价(30%)	他组评价(40%)	教师评价(30%)	合计(100%)
	参与讨论的积极性	30				
	语言表达	20				
	发言内容的深度和广度	30				
	沟通能力	20				
	合计	100				

【行动加固】

(1) 经过以上训练,重新陈述你对物流的理解。

(2) 通过社会调查或网上查找相关资料,列举你所熟悉的一家物流公司,指出它是属于第几方物流公司,并介绍它的核心业务。

(3) 每组同学制作一个 PPT 文件,要求图文并茂,用来演示说明"物流是什么"。

技能训练任务二 物流的行业特点

【行动目标】

随着世界各国经济的发展和国际贸易的广泛拓展,现代物流业在国民经济的发展中发挥越来越重要的作用。物流是怎样一个行业?物流行业和其他行业相比具有怎样的特点?

通过本行动的学习和训练,我们将能够了解以下几个方面。

(1) 了解物流的行业性质和特点。

(2) 了解国内外物流业的发展现状。

(3) 了解物流业的发展趋势。

【行动准备】

(1) 全班分4组。

(2) 多媒体教学系统(课件)。

(3) 上网或利用其他工具查找物流相关行业数据。

【行动过程】

第一步骤:教师下达任务书。

第二步骤:各小组查找资料、讨论完成任务书中的内容。

第三步骤:小组成果展示:每一组派一名代表将小组讨论的结果向大家展示,展示内容包括。

(1) 成果展示(纸张或PPT):物流行业特点(优势和劣势)、政府文件、物流行业发展统计情况、物流薪资情况和就业情况。

(2) 对内容进行讲解和分析。

第四步骤:教师对学生的行为进行点评和对知识内容进行总结,然后引出相关的行动锦囊。

任务书

(1) 各组分别用词或短语(如"前景好、压力大、就业机会多"等)描述物流行业的特点,并将这些词语按物流行业的优势和劣势分类。

(2) 各组查找和搜集近期我国政府或各地方政府发布的有关物流发展规划的文件,简要陈述文件内容。

(3) 各组查找、搜集过去一年国内各省市物流业运行指标统计情况。

(4) 各组分别通过调查当地的物流公司或熟人,了解各种物流职位的薪资福利、工作时间、培训晋升机会等情况(列举实例说明)。

(5) 调查我国物流企业一线员工的就业情况或离职情况(原因)。

提示:每个组的同学尽量多的搜集相关资料,然后将所有资料分类汇总。

【行动锦囊】

 物流的行业性质

物流行业是一个服务性的行业,它提供的产品是服务,而不是物质实体,因此令顾客满意为它的第一目标。

物流与国民经济的其他行业有着不可分割的联系，不管是工业、商业还是农业都有物流现象，都依赖物流业的支持来降低物流成本，完成本企业的物流活动。

物流是一个空间跨度大的行业，物流活动范围可以局限在同一地区，也可以跨地区，跨省市，甚至跨国进行，覆盖至地球的每一角落。

物流是一个时间跨度大的行业，通常一个物流活动延续的时间可以从数天至数周，甚至数月。

现代物流对信息化程度依赖很高，随着物流技术的现代化，物流活动的空间与时间的拓展，客户对服务要求的提高，现代物流对计算机信息技术、网络技术依赖程度不断提高。

 《物流业调整和振兴规划》 选摘

国务院总理温家宝于2008年2月25日主持召开国务院常务会议，审议并原则通过了物流业调整振兴规划。

物流业是融合运输业、仓储业、货代业和信息业等的复合型服务产业，是国民经济的重要组成部分，涉及领域广，吸纳就业人数多，促进生产、拉动消费作用大，在促进产业结构调整、转变经济发展方式和增强国民经济竞争力等方面发挥着重要作用。

为应对国际金融危机的影响，落实党中央、国务院保增长、扩内需、调结构的总体要求，促进物流业平稳较快发展，培育新的经济增长点，特制定本规划，作为物流产业综合性应对措施的行动方案。规划期为2009～2011年。

发展现状与面临的形势

1. 发展现状

进入新世纪以来，我国物流业总体规模快速增长，服务水平显著提高，发展的环境和条件不断改善，为进一步加快发展奠定了坚实基础。

（1）物流业规模快速增长。2008年，全国社会物流总额达89.9万亿元，比2000年增长4.2倍，年均增长23％；物流业实现增加值2.0万亿元，比2000年增长1.9倍，年均增长14％。2008年，物流业增加值占全部服务业增加值的比重为16.5％，占GDP的比重为6.6％。

（2）物流业发展水平显著提高。一些制造企业、商贸企业开始采用现代物流管理理念、方法和技术，实施流程再造和服务外包；传统运输、仓储、货代企业实行功能整合和服务延伸，加快向现代物流企业转型；一批新型的物流企业迅速成长，形成了多种所有制、多种服务模式、多层次的物流企业群体。全社会物流总费用与GDP的比率，由2000年的19.4％下降到2008年的18.3％，物流费用成本呈下降趋势，促进了经济运行质量的提高。

（3）物流基础设施条件逐步完善。交通设施规模迅速扩大，为物流业发展提供了良好的设施条件。截至2008年底，全国铁路营业里程8.0万公里，高速公路通车里程6.03万公里，港口泊位3.64万个（其中沿海万吨级以上泊位1167个），拥有民用机场160个。物流园区建设开始起步，仓储、配送设施现代化水平不断提高，一批区域性物流中心正在形成。物流技术设备加快更新换代，物流信息化建设有了突破性进展。

（4）物流业发展环境明显好转。国家"十一五"规划纲要明确提出"大力发展现代物流业"，中央和地方政府相继建立了推进现代物流业发展的综合协调机制，出台了支持现代物流业发展的规划和政策。物流统计核算和标准化工作，以及人才培养和技术创新等行业基础性工作取得明显成效。

但是，我国物流业的总体水平仍然偏低，还存在一些突出问题。一是全社会物流运行效率偏低，社会物流总费用与GDP的比率高出发达国家1倍左右；二是社会化物流需求不足和专业化物流供给能力不足的问题同时存在，"大而全"、"小而全"的企业物流运作模式还相当普遍；三是物流基础设施能力不足，尚未建立布局合理、衔接顺畅、能力充分、高效便捷的综合交通运输体系，物流园区、物流技术装备等能力有待加强；四是地方封锁和行业垄断对资源整合和一体化运作形成障碍，物流市场还不够规范；五是物流技术、人才培养和物流标准还不能完全满足需要，物流服务的组织化和集约化程度不高。

2008年下半年以来，随着国际金融危机对我国实体经济的影响逐步加深，物流业作为重要的服务产业也受到了严重冲击。物流市场需求急剧萎缩，运输和仓储等收费价格及利润大幅度下跌，一大批中小物流企业经营出现困难，提供运输、仓储等单一服务的传统物流企业受到严重冲击。整体来看，国际金融危机不但造成物流产业自身发展的剧烈波动，而且对其他产业的物流服务供给也产生了不利影响。

2. 面临的形势

应该看到，实施物流业的调整和振兴、实现传统物流业向现代物流业的转变，不仅是物流业自身结构调整和产业升级的需要，也是整个国民经济发展的必然要求。

(1) 调整和振兴物流业是应对国际金融危机的迫切需要。一是要解决当前物流企业面临的困难，需要加快企业重组步伐，做强做大，提高产业集中度和抗风险能力，保持产业的平稳发展；二是物流业自身需要转变发展模式，向以信息技术和供应链管理为核心的现代物流业发展，通过提供低成本、高效率、多样化、专业化的物流服务，适应复杂多变的市场环境，提高自身竞争力；三是物流业对其他产业的调整具有服务和支撑作用，发展第三方物流可以促进制造业和商贸业优化内部分工、专注核心业务、降低物流费用，提高这些产业的竞争力，增强其应对国际金融危机的能力。

(2) 调整和振兴物流业是适应经济全球化趋势的客观要求。一是随着经济全球化的发展和我国融入世界经济的步伐加快，全球采购、全球生产和全球销售的发展模式要求加快发展现代物流业，优化资源配置，提高市场响应速度和产品供给时效，降低企业物流成本，增强国民经济的竞争力；二是为了适应国际产业分工的变化，要求加快发展现代物流业，完善物流服务体系，改善投资环境，抓住国际产业向我国转移的机遇，吸引国际投资，促进我国制造业和高技术产业的发展；三是随着全球服务贸易的迅猛发展，要求加快发展现代物流业，培育国内现代物流服务企业，提高物流服务能力，应对日益激烈的全球物流企业竞争。

(3) 调整和振兴物流业是国民经济持续快速发展的必要保证。根据全面建设小康社会的新要求，我国经济规模将进一步扩大，居民消费水平将进一步提高，货物运输量、社会商品零售额、对外贸易额等将大幅度增长，农产品、工业品、能源、原材料和进出口商品的流通规模将显著增加，对全社会物流服务能力和物流效率提出了更高的要求。同时，中西部地区要求改善物流条件，缩小与东部地区的物流成本差距，承接东部沿海地区产业梯度转移，促进区域间协调和可持续发展。

(4) 调整和振兴物流业是贯彻落实科学发展观和构建社会主义和谐社会的重要举措。调整和振兴物流业,有利于加快商品流通和资金周转,降低社会物流成本,优化资源配置,提高国民经济的运行质量;有利于提高服务业比重,优化产业结构,促进经济发展方式的转变;有利于增加城乡就业岗位,扩大社会就业;有利于提高运输效率,降低能源消耗和废气排放,缓解交通拥堵,实现经济和社会的协调发展;有利于促进国内外、城乡和地区间商品流通,满足人民群众对多样化、高质量的物流服务需求,扩大居民消费;有利于国家救灾应急、处理突发性事件,保障经济稳定和社会安全。

 国外现代物流的发展趋势

随着经济全球化步伐的加快,科学技术尤其是信息技术、通讯技术的发展,跨国公司的出现所导致的本土化生产、全球采购、全球消费趋势的加强,现代物流的发展呈现出新的特点。

1. 电子物流的兴起

基于网络的电子商务的迅速发展促使了电子物流(E-Logistics)的兴起。

近年来通过互联网进行企业间的电子商务交易额每年均有巨幅增长,企业通过互联网加强了企业内部、企业与供应商、企业与消费者、企业与政府部门的联系和沟通,相互协调,相互合作。消费者可以直接在网上获取有关产品或服务信息,实现网上购物。这种网上的"直通方式"使企业能迅速、准确、全面地了解需求信息,实现基于顾客订货的生产模式(Build To Order-BTO)和物流服务。此外,电子物流可以在线追踪发出的货物,在线规划投递路线,在线进行物流调度,在线进行货运检查。可以说电子物流将是21世纪物流发展的大趋势。

2. 物流规模和物流活动的范围进一步扩大,物流企业将向集约化与协同化发展

21世纪是一个物流全球化的时代,企业之间的竞争将十分激烈。要满足全球化或区域化的物流服务,企业规模必须扩大形成规模效益。规模的扩大可以是企业合并,也可以是企业间的合作与联盟,主要表现在两个方面。

一是物流园区的建设。物流园区是多种物流设施和不同类型的物流企业在空间上集中布局的场所,是具有一定规模和综合服务功能的物流集结点。物流园区的建设,有利于实现物流企业的专业化和规模化,发挥它们的整体优势和互补优势。

二是物流企业的兼并与合作。随着国际贸易的发展,美国和欧洲的一些大型物流企业跨越国境展开连横合纵式的并购,大力拓展国际物流市场,以争取更大的市场份额。除此之外,另一种集约化方式是物流企业之间的合作与建立战略联盟。

3. 物流服务的优质化和全球化

随着消费多样化、生产柔性化、流通高效化时代的到来,社会和客户对物流服务的要求越来越高,物流服务的优质化是物流今后发展的重要趋势。5个亮点"Right"的服务,即把好的产品(The right product)在规定的时间(At the right time),规定的地点(In the right place),以适当的数量(In the right quantity),合适的价格(At the right price)提供给客户将成为物流企业优质服务的共同标准。物流成本已不再是客户选择物流服务的唯一标准,人们更多的是注重物流服务的质量。物流服务的全球化是今后发展的又一重要趋势。目前许多大型制造部门正在朝着"扩展企业"的方向发展。这种所谓的"扩展企业"基本上包括了把全球供应链条上所有的服务商统一起来,并利用最新的计算机体系加以控制。同时,制造业已经实行"定做"服务理论,并不断加速其活动的全球化,对全球供应连锁服务业提出了一次性销售(即"一票到底"的直销)的需求,这种服务要求极其灵活机动的供应链,这也迫使物流服务商几乎采取了一种"一切为客户服务"的解决办法。

4. 第三方物流的快速发展

第三方物流(Third party logistics)是指在物流渠道中由中间商提供的服务。中间商以合同的形式在一定期限内,提供企业所需的全部或部分物流服务。第三方物流提供者是一个为外部客户管理、控制和提供物流服务作业的公司;他们并不在供应链中占有一席之地,仅是第三方,但通过提供一整套物流活动来服务于供应链。

5. 绿色物流是物流发展的又一趋势

物流虽然促进了经济的发展,但是物流的发展同时也会给城市环境带来不利的影响,如运输工具的噪声、污染排放、对交通的阻塞等,以及生产及生活中的废弃物的不当处理所造成的对环境的影响。为此,21世纪对物流提出了新的要求,即绿色物流。绿色物流包括两方面,一是对物流系统污染进行控制,即在物流系统和物流活动的规划与决策中尽量采用对环境污染小的方案,如采用排污量小的货车车型,近距离配送,夜间运货(减小交通阻塞、节省燃料和减小排放)等。发达国家政府倡导绿色物流的对策是在污染发生源、交通量、交通流三个方面制定了相关政策。绿色物流的另一方面就是建立工业和生活废料处理的物流系统。

6. 不断采用新的科学技术改造物流装备和提高管理水平

国外物流企业的技术装备已达到相当高的水平。目前已经形成了以系统技术为核心,以信息技术、运输技术、配送技术、装卸搬运技术、自动化仓储技术、库存控制技术、包装技术等专业技术为支撑的现代化物流装备技术格局。

今后进一步的发展方向是以下几个方式。

(1)信息化——采用无线互联网技术,卫星定位技术(GPS),地理信息系统(GIS),射频标识技术(RF)等。

(2)自动化——自动导引小车技术(AGV),搬运机器人技术(Robot System)等。

（3）智能化——电子识别和电子跟踪技术，智能运输系统（ITS）。

（4）集成化——信息化、机械化、自动化、智能化于一体。

锦囊四 我国物流企业和从业人员目前面临的挑战

当我国物流企业产权逐步多元化，传统物流过渡到现代物流。从经营环境看，我国物流企业正面临着前所未有的机遇和挑战。机遇不小，但由于目前我国物流业还处于发展阶段，大多数物流企业规模不大，技术装备落后，综合性物流服务水平不高，专业化、信息化、标准化等方面与国际化先进物流企业的差距较大，很多传统的观念和传统的运作模式仍然存在着，由此给我国物流企业和从业人员带来生存压力的挑战更大，主要表现在以下几个方面。

1. 员工整体素质不高？

我国的物流企业有相当一部分是原来各系统各行业如外贸、供销、粮食、商业、物资等储运企业转型或转制而成。由于历史的原因，很多企业员工年龄偏大，文化程度不高，近年来虽招聘了不少的高校、中专、技校毕业生，但总体员工素质提高不快。尽管现在有些物流企业如宝供物流企业集团有限公司、中海物流有限公司等现代先进的物流企业引进了大量高学历、高素质的人才，但仍改变不了我国物流员工整体素质较低的现象。

2. 工作环境和工作条件较差

我国老的物流企业仓库大多陈旧，相当一部分仓库还是20世纪60、70年代甚至50年代建成的库房或货棚，设备设施也跟不上现代物流发展的脉搏。在装卸搬运方面，由于仓库或站台陈旧，或仓库缺乏适当的装卸作业平台，员工作业环境及条件较差，作业操作难度较大而经常导致野蛮装卸行为的出现。

3. 信息化技术的应用程度不高

物流自动化是物流产业发展的一个重要趋势。由于历史的原因，我国物流业信息化技术的应用程度并不高。我国的物流公司中，对计算机的配置大致可分三种情况。①全部是高档的计算机设备和高速网络。达到这样配置的主要是国内几家比较有实力的物流公司。但是，在企业的生产流程、业务流程、经营决策和物流管理方面的应用非常有限。②有几十台性能比较差的计算机。这样的公司多是中小物流企业。他们多半是大物流公司的业务合作伙伴。计算机主要用来打印一些文件和报表。③没有计算机。这样的公司虽然名字叫做物流公司，但实际上是一些运输公司，其货源和客户都不固定，管理不规范，公司的业务管理仍是手工作业。

4. 经营规模大小不一，管理水平参差不齐

我国物流企业数量较多，虽然也有几家规模较大服务水平较高的物流企业，但由于我国的物流公司起步较晚，所以大部分的物流公司的品牌、运输网络等没有真正建立起来，物流公司在管理方面呈粗放状态，大多物流企业是小而散，缺少社会化、组织化，服务功能不完善，能做到"一站式"服务的企业很少。生产企业、流通企业"小而全，大而全"的现象普遍存在。自办物流公司数量过多，例如几张桌子、几台电话、几辆车就可以组建一家物流公司。其实这样的物流公司业务范围非常单一，只是用一种仓储或货代的形式开展业务，成本高，服务质量也难以保证。

【行动链接】

链接1 2008年中国物流行业10件大事

（1）国务院办公厅印发《关于加快发展服务业若干政策措施的实施意见》。
（2）国务院组建交通运输部，原交通部、中国民航总局、国家邮政局归并其中。
（3）全国物流行业在抗击特大地震和雨雪冰冻两场自然灾害中做出重要贡献。
（4）商务部发布《关于加快我国流通领域现代物流发展的指导意见》。
（5）国际金融危机爆发，中国物流业受到重大影响。
（6）海峡两岸海运直航、空运直航、直接通邮三项协议正式实施。

（7）国务院出台成品油价格和税费改革方案。
（8）我国"物流行业产业损害预警系统"启动。
（9）全国物流行业纪念改革开放30周年座谈会在京召开。
（10）物流业为北京奥运会成功举办提供服务保障。

链接2　广东省现代服务业发展概况

（一）广东现代服务业发展态势良好

从总体上看，广东现代服务业发展态势良好，主要表现在几个方面。

（1）发展快。1979～2008年，广东服务业增加值以年均14.4%的速度增长，2008年服务业增加值已达15300多亿元，占全国12.7%，如表1-2所示。目前，服务业已成为广东国民经济的重要产业。

表1-2　广东省服务业增加值增长情况

年　份	增加值/亿元	年　份	增加值/亿元
1978	43.92	2005	9598.34
1990	558.58	2008	15323.59
2000	4755.42		

（2）贡献大。近年来，服务业对广东GDP增长的贡献率保持在40%左右，服务业增加值占GDP比重保持在43%左右，如表1-3所示。

表1-3　1978年和2008年广东服务业增加值占GDP比重对比

年　份	第一产业	第二产业	服务业
1978	29.8%	46.6%	23.6%
2008	5.5%	51.6%	42.9%

（3）水平逐步提高。目前，广东服务业产业规模和增加值比重，均居国内领先水平，其中服务业总量已连续25年位居国内首位，如表1-4所示，已形成了一批增长快、对经济拉动大的重要服务业行业。

表1-4　2008年广东居全国前列的服务业行业指标

项　目	绝对值/亿元	占全国比重/%
文化产业增加值	2720	25
旅游业总收入	2641	20
主要港口货物吞吐量	69036	16.1

(二) 广东现代服务业存在的主要困难和问题

广东现代服务业发展也存在不少困难和问题。

(1) 现代服务业发展相对不足，服务业占 GDP 比重明显低于世界中等收入国家约 59% 的平均水平，也低于低收入国家约 48% 的平均水平。

(2) 面向产业的高端生产性服务业比较薄弱，服务业市场化、产业化层次较低。

(3) 体制机制障碍仍然存在，一些服务行业仍然存在垄断和市场准入限制，社会信用体系和服务业标准化建设滞后。

(三) 未来广东现代服务业面临良好的发展机遇

首先，国务院批复的《珠江三角洲地区改革发展规划纲要》明确要求将珠三角地区建设成为世界现代服务业基地，从国家层面为广东现代服务业发展指明了方向，确立了现代服务业在现代产业体系建设中的重要地位。省委、省政府出台的《关于加快建设现代产业体系的决定》做出了建设以现代服务业和先进制造业双轮驱动的主体产业群的部署。

其次，从发展形势上看，全国经济发展呈企稳回升态势，工业化、城镇化进程也将继续加快，人民生活消费需求将不断升级和多样化。随着服务贸易和服务业国际转移的不断拓展，广东与世界特别是港澳台服务业的合作也将进一步加强，这些都为广东现代服务业发展提供了广阔的空间。

将重点考虑从以下几个方面来加快现代服务业的发展，推动产业转型升级。

(1) 深化体制改革，大力营造良好的发展环境。

(2) 加强政策引导，推动行业健康发展。

(3) 加强对外合作，提升产业发展水平。

(4) 抓好载体建设，增强发展后劲。

链接3　2008 年广东省物流业运行指标统计基本情况（表1-5）

表 1-5　2008 年广东省物流业运行指标统计表

项　目	2007 年	2008 年	同　比
物流业增加值/亿元	2028.33	2370.31	16.86%
物流业增加值占 GDP 比例/%	6.53	6.64	1.68%
物流总费用/亿元	4383.23	5171.41	17.98%
物流总费用值占 GDP 比例/%	14.10	14.49	2.77%
物流总产出/亿元	7770.58	8919.07	14.78%
物流总额/亿元	80321.92	89934.07	11.97%
社会货运量/万吨	160455	176279	9.86%
社会货物周转量/亿吨公里	4489.69	4520.12	0.68%
公路货物运输量/万吨	112611	126068	11.95%
铁路货物运输量/万吨	11285	11545	2.30%
民航货邮运输量/万吨	87	85	−2.30%
水路货物运输量/万吨	30893	32318	4.61%
管道运输量/万吨	5578	6263	12.28%

(一) 物流业运行指标

1. 物流业增加值

2008年,广东省物流业增加值为2370.31亿元,按现价计算,同比增长16.86%;占同期全省GDP的比例为6.64%,与去年同期相比上升1.68%,见表1-6。

表1-6 2006~2008年广东省物流业增加值统计表

项 目	2006年	2007年	2008年
物流业增加值/亿元	3656.22	2028.33	2370.31
占GDP比例/%	6.46	6.53	6.64
同比增长/%	—	11.04	16.86

2. 社会物流总费用

2008年,广东省社会物流总费用为5171.41亿元,按现价计算,同比增长17.98%;占同期全省GDP的比例为14.49%,与去年同期相比上升2.77%,见表1-7。

表1-7 2006~2008年广东省社会物流总费用统计表

项 目	2006年	2007年	2008年
社会物流总费用/亿元	3727.65	4383.23	5171.41
占GDP比例/%	14.25	14.10	14.49
同比增长/%	—	17.59	17.98

从2008年广东省社会物流总费用构成来看,运输费用为2776.02亿元,按现价计算,同比增长17.26%,占同期全省社会物流总费用的53.68%;保管费用为1553.17亿元,同比增长22.77%,占同期全省社会物流总费用的30.03%;管理费用为842.22亿元,同比增长12.20%,占同期全省社会物流总费用的16.29%,见表1-8。

表1-8 2008年全省社会物流总费用构成统计表

项 目	运输费用	保管费用	管理费用
指标值/亿元	2776.02	1553.17	842.22
同比增长/%	17.26	22.77	12.20
占同期总费用比例/%	53.68	30.03	16.29

3. 社会物流总产出

2008年,广东省社会物流总产出为8919.07亿元,按现价计算,同比增长14.78%。其中运输业收入为5962.40亿元,同比增长为15.02%,占同期全省物流总产出的66.85%;保管业收入为1837.04亿元,同比增长为16.54%,占同期全省物流总产出的20.60%;管理业收入为1119.63亿元,同比增长为14.76%,占同期全省物流总产出的12.55%。见表1-9。

表1-9 2006~2008年全省社会物流总产出统计表

项 目	2006年	2007年	2008年
社会物流总产出/亿元	6509.35	7932.29	8919.07
同比增长/%	—	21.86	12.44

4. 社会物流总额

2008年,广东省社会物流总额为89934.07亿元,按现价计算,同比增长11.97%,见表1-10。从构成来看,农产品、工业产品、进口货物等行业物流总额分别是3181.60亿元、66943.17亿元和19397.94亿元,同比增长率分别为16.99%、16.98%和-3.66%。

表 1-10　2006~2008 年全省社会物流总额统计表

项　目	2006 年	2007 年	2008 年
社会物流总额/亿元	67007.26	80321.92	89934.07
同比增长/%	—	19.87	11.97

（二）交通运输指标

1. 社会货物量

2008 年，广东省社会货运量累计完成 176279 万吨，同比增长 9.86%。其中，铁路货运量累计完成 11545 万吨，同比增长 2.30%；公路货运量累计完成 126068 万吨，同比增长 11.95%；水运货运量累计完成 32318 万吨，同比增长 4.61%；民航货运量累计完成 85 万吨，同比下降 2.30%。见表 1-11。

表 1-11　2006~2008 年广东省社会货运量构成统计表

项　目	2006 年	2007 年	2008 年
铁路货运量/万吨	16170	16480	11545
公路货运量/万吨	97461	112611	126068
水路货运量/万吨	27503	30893	32318
民航货运量/万吨	79	87	85
社会货运量/万吨	145911	165426	176279

2. 社会货物周转量

2008 年，广东省社会货物周转量累计完成 4520.12 亿吨公里，同比增长了 0.68%。其中铁路货物周转量累计完成 344.96 亿吨公里，同比增长 2.27%；公路货物周转量累计完成 1064.55 亿吨公里，同比增长 17.39%；水路货物周转量累计完成 2878.85 亿吨公里，同比下降 5.41%；民航货物周转量累计完成 18.38 亿吨公里，同比下降了 8.74%，管道货物周转量累计完成 213.38 亿吨公里，同比增长 17.2%。见表 1-12。

表 1-12　2006~2008 年全省社会货物周转量统计表

项　目	2006 年	2007 年	2008 年
社会货物周转量/亿吨公里	4162.77	4489.69	4520.12

链接 4　2008~2009 年我国物流行业职位薪资动态

1. 物流行业操作人员薪资

人员包括销售人员、客服、单证员、仓管、采购人员、海运操作人员、货运操作人员、报关员等。对于操作人员,学历要求一般较低,达到高中或中专以上文化水平即可胜任。

不同职位的薪资待遇也是不同的,对于货运操作人员、报关员等,一般月薪在2000～3000元左右,市场人员包括客服、销售等,由于其职位的重要性,薪资相对较高,可以达到4000元以上,有的甚至要高于一般的管理人员。

对于操作人员来说,拥有相关的证书,有相关从业经验,英语达到国家四级以上的,薪资会比较高,升职空间也较大。同一职位,大型物流公司要比小型物流公司高出1000～2000元左右,而有大型物流公司工作经验的,跳槽到小型物流公司的话,职位和薪水也能得到一定的提升。

2. 物流行业中层管理人员薪资

物流行业部门主管或者经理,包括操作主管、生产经理、业务经理等。一般要求学历是大专以上,需要有三年以上的从业经验,对于本部门的操作流程非常熟悉,具有大型物流公司工作经验的就业形势更好。

例如,某上海物流企业的人才薪酬状况,一般的业务主管月薪在3000元左右,部门经理在5000～8000元,有的能够达到1万元以上,高级物流经理年薪可以达到几十万元。在国际物流企业,从事过国际运输或主管过报关的空运、海运物流的操作人员非常受欢迎。一个高级空运操作经理,年薪在10万～40万元之间,一般来说是外贸物流企业最高,民营物流企业次之,国有物流公司相对较低。海运操作经理的薪资状况与空运操作经理相仿,但一般来说会略低于空运操作经理。

3. 物流行业高级管理人才薪资

物流企业执行总监、公司副总、高级行政管理人员等,这些是站在物流行业金字塔塔尖的人才,属于高价难求的稀缺资源。对于这类人才,除了要求基本素质高,具备硕士以上学历以外,还要有丰富的行业经验、出色的策划组织能力、好的沟通能力等。

薪资从10万～150万元不等。根据公司的性质和规模而定,一般来说,中外合资的物流企业待遇最高,年薪能够达到百万元以上,除了薪资收入以外,部分企业还会提供一部分股份给这些高层管理人员,年底可以获得分红。

对于大型国有物流企业来说,这些高层管理人员多是从内部提拔,年薪从10万～40万元不等,而且其他福利相对丰厚。在某场物流人才专场招聘会上,曾出现国内某合资物流公司以年薪169万元港币聘了一个CEO的场面。

【行动评价】

"物流的行业特点"技能训练任务评价表

小组		成员				
考评标准	项　　目	分值/分	自我评价(30%)	他组评价(40%)	教师评价(30%)	合计(100%)
	行业特点描述准确、清晰、全面	20				
	资料收集的数量和质量	30				
	资料的整理、归纳和分析合理	30				
	团队精神	20				
	合　　计	100				

【行动加固】

（1）通过以上训练，重新陈述你对物流行业特点的理解，分析我国物流企业和物流从业人员所面临的机遇和挑战。

（2）通过电视新闻、报刊杂志、网络等多渠道关注物流的行业动态。

技能训练任务三　物流的效用

【行动目标】

21世纪，物流为何可以在世界各地蓬勃发展？物流究竟有何魅力？物流活动是怎样创造价值的？

通过本行动的学习和训练，我们将能够了解以下几个方面。

（1）了解物流可创造的基本效用。

（2）了解物流可创造的潜在效用。

（3）理解物流的利润来源。

【行动准备】

（1）全班分4组。

（2）多媒体教学系统（课件），苏宁物流视频。

（3）上网或利用其他工具查找相关物流方案案例。

【行动过程】

第一步骤：教师下达任务书。

第二步骤：小组讨论和完成任务书内容。

第三步骤：小组成果展示：每一组派一名代表将小组讨论的结果向大家展示，展示内容包括以下2点。

（1）物流效用实例，物流效用分类。

（2）物流的效用企业方案案例。

第四步骤：教师对学生的行为进行点评和对知识内容进行总结，然后引出相关的行动锦囊。

> **任务书**
>
> (1) 每组列举15个实例说明物流的效用。
> (2) 各组将所列举的实例进行分类,说明物流的不同效用。
> (3) 各组分别用一个企业案例说明物流是如何创造价值的(PPT)。

【行动锦囊】

 物流可创造的基本效用

1. 时间效用

所谓时间效用,是指利用物流的储存功能,将物品储存起来,在适当的时候销售,从而可获得额外的效用。时间效用表现为通过商品流通过程中的劳动克服了商品生产和消费时间上的不一致。这种不一致表现有多种情况,如农产品之类的商品只能间断性生产而必须连续消费,又如一些时令性或集中性消费商品,其生产又是长期连续的,更多的情况是虽然生产和消费都是连续的,但是商品从生产到消费有一定的时间差,这种时间差表现为商品生产与消费的时间矛盾。商品流通过程如储存、保管等投入的劳动恰好可以解决这种矛盾,表现为商品时间效用的增加。如夏季产品冬季销售,可以提高价值。长时间储存的酒,价值可以大幅提高!

2. 空间效用

所谓空间效用,是指利用物流的运输功能将产地的物品,运到销地销售,从而获得额外的效用。空间效用表现为通过商品流通过程中的劳动克服商品生产和消费在地理空间上的分离,如南方的水果运到北方销售,可以大幅提高售价。不同的地区具有不同的生产优势和生产结构,而产品的消费却可能遍布在另外的地区甚至是全国、全世界。因此正是商品流通所耗劳动创造的空间效用使我们可以享受瑞士生产的咖啡,购买法国的时装,使用微软公司的Windows 98。

3. 加工附加效用

所谓加工附加效用,是指利用物流的加工、包装等功能,对物品进行流通加工和分包,从而提高物品的价值。如将适合运输的大包装物品，分包为适合销售的小包装物品，可以提高销售价值。

 物流可创造的其他效用

1. 品种效用

品种效用表现为通过商品流通过程中的劳动克服商品生产和消费品种方面的不一致。因为无论生产资料还是生活资料消费者需要的是多种多样的商品，而专业化生产使某一生产厂家所提供的商品具有单一性，商品流通则可以集中多家生产商的产品提供给消费者，这方面的劳动投入表现为商品品种效用的增加。如越来越多的流通企业承担起生产厂家"采购代理"任务。

2. 批量效用

批量效用表现为通过商品流通过程中的劳动克服生产和消费批量的不一致。社会化大生产的一种重要方式是生产的专业化和规模化，而很多时候消费的需求量都是很有限的。商品流通中所消耗劳动的一个重要用途就是将生产的大批量分割成最终的小批量需求，在此表现为由整到散的分流过程；反过来的情况也同样存在，即生产尤其是工业化社会中无论生产资料的生产还是生活资料的生产都呈现出一种趋势，即小批量、多品种的生产，这种生产方式与大批量流水生产共同存在。因此可能出现这种情况：虽然生产批量较小，而需求则是大量集中的。这时商品流通中的劳动就要用于分散和货源加以集中，从而表现为从散到整的集流过程。所有这方面的投入的劳动成果都表现为批量效用。

3. 信息效用

信息效用表现为专业商品流通企业要收集大量的信息，如买卖双方的信息、产品说明和使用情况、发展情况、用户的意见、供求信息、技术发展趋势等，然后对这些信息进行过滤、筛选、整理、分析、总结规律，发现问题。这样不但可以指导自己的工作，也可以将这些信息传递给供求双方，形成一种知识学习的作用。

4. 风险效用

风险效用表现在商品流通过程中存在和隐藏着许多风险，如质量风险，信贷风险、政策风险、汇率风险、财务风险等，让商品流通双方任一方来承担这些风险责任可能都会是一种讨价还价的"扯皮"过程，会极大地加大交易费用甚至阻碍商品流通的真正完成。由专业商品流通企业来承担这些风险无疑会极大地提高供求双方的信心，同时加快流通和再生产的过程。

 第三方物流是如何创造利润的

第三方物流发展的推动力就是为客户及自己创造利润。第三方物流公司必须以有吸引力的服务来满足客户需要，服务水平必须符合客户的期望。要使客户在物流方面得到利润，同时自己也要获得收益，第三方物流公司必须通过自己物流作业的高效化、物流管理的信息化、物流设施的现代化、物流运作的专业化、物流量的规模化来创造利润。

1. 作业利益

第三方物流服务首先能为客户提供"物流作业"改进利益。一方面，第三方物流公司可以通过第三方物流服务，提供给客户自己不能自我提供的物流服务或物流服务所需要的生产要素，这是产生物流外包并获得发展的重要原因。在企业自行组织物流活动情况下，或者局限于组织物流活动所需要的专业知识，或者局限于自身的技术条件，是企业内部物流系统难以满足自身物流活动的需要，而企业自行改进或解决这一问题又往往是不经济的。物流作业的另一个改进就是改善企业内部管理的运作表现，增加作业的灵活性，提高质量和服务、速度和服务的一致性，使物流作业更具效率。

2. 经济利益

第三方物流服务为客户提供经济或与财务相关的利益是第三方物流服务存在的基础。一般低成本是由于低成本要素和规模经济的经济性而创造的，其中包括劳动力要素成本。通过物流外包，可以将不变成本转变成可变成本，又可以避免盲目投资而将资金用于其他用途从而降低成本。

稳定和可见的成本也是影响物流外包的积极因素，稳定成本时的规划和预算手续更为简便。一个环节的成本一般来讲难以清晰地与其他环节区分开来，但通过物流外包，使用第三方物流服务，则供应商要申明成本和费用，成本的明晰性就增加了。

3. 管理利益

第三方物流服务给客户带来的不仅仅是作业的改进及成本的降低，还应该给客户带来与管理相关的利益。正如前面所述，物流外包可以使用企业不具备的管理专业技能，也可以将企业内部管理资源用于别的更有利可图的用途中去，并与企业核心战略相一致。物流外包可以使公司的人力资源更集中于公司的核心活动，而同时获得的是别的公司（第三方物流公司）的核心经营能力。

此外，如单一资源和减少供应商数目所带来的利益也是物流外包的潜在原因，单一资源减少了公关等费用,并减轻了公司在几个运输、搬运、仓储等服务商间协调的压力。第三方物流服务可以给客户带来的管理利益还有很多,如:订单的信息化管理、避免作业中断、运作协调一致等。

4. 战略利益

物流外包还能产生战略意义,即灵活性。包括地理范围块度的灵活性(设点或撤销)及根据环境变化进行调整的灵活性。集中主业在管理层次与战略层次高度一样具有重要性。共担风险的利益也可以通过第三方物流服务来获得。

【行动链接】

链接　先进物流方案创富案例

案例1　供货时间缩2.5小时,苏宁物流半年省3千万

某人最近在南京苏宁的购物经历让自己大吃一惊。

他在中午11:58时交钱下订单购买彩电,但当他在下午13:30到家时,苏宁的送货人员就紧跟着把彩电送了过来。他略加估算,苏宁处理这次订购仅需90多分钟就已完成。

这人在物流公司做事,很清楚家电卖场物流的平均耗时是4个小时(2小时配装、2小时运输),在此基础上每压缩60分钟,都需要对企业中与供应链系统相关方面的工作流程进行大幅改进,而要缩短2小时,意味着物流系统的精细程度不止提升一个层次。该人深知这种改进工作的难度,但苏宁硬是在极短的时间之内将销售信息发到仓库,然后又迅速派工装车,2小时内送到消费者手中。该人认为这样的订单处理速度在国内绝对处于领先地位。

该人真切享受到了苏宁供应链效率提升带来的好处,但他不知道这是苏宁在今年四月花巨资上线了SAP/ERP系统带来的直观效益体现。

看到新上线ERP系统带来的好处,苏宁电器总经理孙为民高兴地向《IT时代周刊》表示,系统不仅达到平台统一的初衷,更为企业全流程管理带来了巨大好处。他介绍说,因为提高了效率,仅物流方面能直接测算出来的收益是半年节省了3000万元。

案例2　最佳运输方案

甲公司要从位于S市的工厂直接装运500台电视机送往位于T市的一个批发心。这批货物价值为150万元。T市的批发中心确定这批货物的标准运输时间为2.5天,如果超出标准时间,每台电视机的每天的机会成本是30元。甲公司的物流经理设计了下述三个物流方案,请从成本角度评价这些运输方案的优劣。

(1) A公司是一家长途货物运输企业,可以按照优惠费率每公里0.05元/台来运送这批电视机,装卸费为每台0.10元。已知S市到T市的公路运输里程为1100公里,估计需要3天的时间才可以运到(考虑到货物装卸也需要时间)。

（2）B公司是一家水运企业，可以提供水陆联运服务，即先用汽车从甲公司的仓库将货物运至S市的码头（20公里），再用船运至T市的码头（1200公里），然后再用汽车从码头运至批发中心（17公里）。由于中转的过程中需要多次装卸，因此整个运输时间大约为5天。询价后得知，陆运运费为每公里0.06元/台，装卸费为每台0.10元，水运运费为每百台0.6元。

（3）C公司是一家物流企业，可以提供全方位的物流服务，报价为22800元。它承诺在标准时间内运到，但是准点的百分率为80%。

解 方案一 成本＝[(0.05×1100＋0.1×2)×500＋30×500×0.5]元＝[27600＋7500]元＝35100元

方案二 成本＝[(0.05×37＋0.1×6＋0.006×1200＋30×2.5)×500]元＝42325元

方案三 成本＝22800元，可能追加成本＝[(2.5/0.8－2.5)×30×500]元＝9375元

最高成本为32175元。

答 最佳方案为方案三，因为该方案的成本最低。

【行动评价】

"物流的效用"技能训练任务评价表

小组		成员				
	项目	分值/分	自我评价(30%)	他组评价(40%)	教师评价(30%)	合计(100%)
考评标准	举例	30				
	实例归纳	20				
	案例分析	30				
	团队精神	20				
	合　计	100				

【行动加固】

（1）阅读大量的物流企业方案，各组分别用不同的案例说明物流的各种效用。

（2）阅读有关我国各行业物流和沃尔玛物流的资料，对比国内外物流的发展情况，加深理解我国物流业的发展现状和发展前景。

第二模块　现代物流的昨天、今天和明天

【本模块的学习目标】

通过本模块的学习，我们将了解现代物流的产生历史，当今的现状及今后的发展前景、趋势，了解现代物流在中国的现状及我们的机会。

技能训练任务一　物流的昨天

【行动目标】

物流活动是人类最基本的社会经济活动之一，物流业是兴起较晚但发展相当快的一个产业，对世界各国特别是发达国家的国民经济增长发挥着重要的支持和带动作用。在这里，作为一名物流人，我们必须对物流的发展历史有一定的了解。今天，让我们一起揭开物流的历史面纱。

通过本行动的学习和训练，我们将能够了解以下几个方面。

(1) 了解现代物流的产生历史。

(2) 了解过去中国现代物流行业的形成。

(3) 感受头脑风暴法相互学习的魅力。

【行动准备】

(1) 多媒体教学系统（课件）。

(2) "物流的昨天"技能训练表格。

(3) 上网或利用其他工具查找相关理论知识。

【行动过程】

第一步骤：教师下达任务书。

第二步骤：小组讨论和完成查找国内外物流发展历史的任务，完成"组员发言"、"论题小结"、"组长评价"任务。

第三步骤：小组成果展示：本组同学制作的PPT。

第四步骤：组与组之间相互评价，总结出国内或国外物流发展的历史。

第五步骤：教师对学生的行为进行点评和对知识内容进行总结，然后引出相关的行动锦囊。

任务书

完成"物流的昨天"技能训练任务（见表2-1）。

(1) 全班分6组，为自己的组起一个名字，选组长。

(2) 每组学生上网或利用其他工具查找国内外物流发展历史的信息，规定每组学生负责一个国家，其中必须包括中国。

(3) 组长组织组员选择本组熟悉的国家，查找资料并制作成PPT。

(4) 组长或某一组员展示本组同学制作的PPT，并发言介绍。

(5) 组长或某一组员归纳各组的资料，总结出国内或国外物流发展的历史，并进行比较，说说"我国与国外物流历史有什么不同"。

(6) 组长对组员的表现进行简要评价。

表2-1 "物流的昨天"技能训练表

班　　级		小组名称		组　　长	
组 成 员	姓名： 学号：				
活动主题	谈谈我国与国外物流历史有什么不同？				
组员发言					
论题小结					
组长对组员的评价					
教师点评					

【行动锦囊】

 国外物流的发展历史

国外物流的发展大致可以分为四个阶段。

第一阶段　萌芽阶段（20世纪初～50年代）

20世纪初，西方发达国家，随着工业化进程的加快以及大批量生产和销售的实现，人们开始意识到降低物资采购及产品销售成本的重要。第二次世界大战（以下简称二战）期间，美国军事部门为了保证军队的供给，引进集成化技术对军需物质进行采购、运送、储存及分配的活动，并称之为"后勤管理"（Logistics management）。战后，人们将这些技术与理念引入到经济活动中，并取得明显的效果。Logistics也就成了物流科学的代名词。

从这里我们可以看到两个因素刺激了现代物流的形成与发展，一方面经历了20世纪30

年代大萧条的美国经济急需复苏，需要寻找新的经济增长点，在第一利润源泉及第二利润源泉已基本枯竭的时候，物流这个第三利润源泉自然就成为人们最为期望的经济复苏发动机。另一方面，二战结束，美国军方在二战中发展起来的一整套先进后勤保障体系，包括硬件及软件方面，需要寻找新的用武之地，这些现成的技术及设备正好为美国现代物流的形成与发展提供了条件，战后美军将大量的先进后勤保障技术及理念转为民用。

第二阶段　快速发展阶段（20世纪60年代～70年代）

20世纪60年代以后，科学的发展、管理科学的进步，企业规模的扩大，企业间竞争的加剧，促进了现代物流的快速发展。表现为以下几个方面。

（1）将顾客满意放在了企业管理的核心地位，而物流在为顾客服务上起到了重要的作用。

（2）配送服务得到迅猛发展，大公司陆续成立了配送中心，专职配送业务。

（3）大量引进先进的物流技术。

（4）加强物流基础设施的建设，如港口、铁路、机场和高速公路等。

第三阶段　合理化阶段（20世纪70年代～80年代）

这一阶段物流管理的内容由企业内部延伸到外部，物流管理的重点已经转移到物流战略与物流规划上，企业开始超越现有的组织机构界限而注重外部关系，将供货商、分销商以及用户等纳入管理的范畴，利用物流管理建立与供货商、分销商以及用户稳定的、良好的、双赢的及互助的伙伴关系。

第四阶段　现代物流阶段（20世纪90年代至今）

这一阶段的特点是，随着新经济和现代信息技术的迅猛发展，现代物流的内容在不断地丰富与发展。表现为计算机技术、网络技术及电子商务技术的发展，为现代物流发展提供了强有力的支持，使现代物流向信息化、网络化及智能化方向发展。

锦囊二　我国物流的发展历史

我国现代物流所经历的几个阶段。

第一阶段　1949年解放～1966年

这一阶段是建国初期，以计划经济为主，反复出现分散办储运与集中办储运的争议。

所谓分散办储运就是由各个专业经营公司自己设立储运科或储运部承担本公司的储运业务；而集中办储运就是将各个专业经营公司的仓库及车队集中起来交由专门从事储运业务的储运公司来经营及管理，为各个专业经营公司提供储运服务。集中办储运在计划经济下有利于国家利用有限的储运资源，为各个专业公司服务，可以节省国家的重复投资，但专业经营公司则认为集中办储运企业缺乏灵活性，不利于企业的经营，主张分散开来各自公司办储运。

第二阶段　1966～1979年

物质奇缺，严重供给不足，有限的物质要计划供应，为加强对有限物资的管理，国家对储运公司赋予了许多政府职能，有些地方甚至将储运公司升格为储运局，承担诸如战备储存、保障供给等政府职能，此时的储运当然是以集中为主。

第三阶段　1979～1997年

随着国家的改革开放，计划经济向市场经济过渡，人们逐渐将储运也推向市场，这个时候一些学者将物流这个名词术语从日本介绍到国内，行业专家普遍认为，物流这个术语比储运更形象地说明物流的本质,人们渐渐就接受用物流这个名词来取代储运了。尽管如此,人们对物流仍没有给予应有重视,因为迅速发展的生产掩盖了物流成本的不合理构成。这一阶段,属于现代物流的务虚阶段,现实物流则以分散为主。

第四阶段　1997年至今

中国现代物流开始进入务实阶段。1997年之前国内一直不太重视物流工作,仅将其视为经营活动的辅助业务。1997年的亚洲金融风暴导致了国内许多企业瞬间坠入经营困境,为了迅速摆脱被动局面,提升企业竞争力,众多企业都不约而同地将优化物流作为降低经营成本,提升服务质量的突破口。再加上前一阶段专家学者的介绍,媒体的报道,在国内迅速掀起一股现代物流热。企业家越来越认识到现代物流的重要性,开始从欧美及日本引进现代物流的理念、技术及运作方式,企业及大、中学校都将现代物流作为一个重要课题来研究。

【行动评价】

"物流的昨天"技能训练任务评价表

小　　组		成　员			
考评标准	项　　目	分值/分	自我评价(30%)	他组评价(40%)	教师评价(30%)	合计(100%)
	参与讨论的积极性	30				
	语言表达	20				
	发言内容的深度和广度	30				
	沟通能力	20				
	合　　计	100				

【行动加固】

(1) 选择国内最知名的两个国营和两个民营物流企业,收集资料和分析研究,了解这些物流企业的发展历史,总结出中国物流行业的发展历史。

(2) 学习国务院2009年3月颁发的《物流业调整与振兴规划》[国发(2009)8号文件],了解国家物流政策和总体规划,把握机遇,积极投身到振兴中国物流产业的宏伟大业中。

(3) 学习《上海市现代物流业发展"十一五"规划》、《广东省物流调整与振兴规划》、深圳市贯彻实施国家《物流业调整和振兴规划》方案(2009~2012年),比较区域性物流政策的特点。

技能训练任务二　物流的今天

【行动目标】

为什么现在全国上下掀起一股"物流热"?从各级政府到各大小企业,物流已成为他们最关心的话题,他们认为,现代物流正日渐成为国民经济发展的重要产业和新的经济增长点。今天,我们将与大家一起分享现代物流给我们带来什么?

通过本行动的学习和训练,你将能够了解以下几方面。

(1) 了解现代物流的现状。

(2) 了解现今中国现代物流行业的形成。

(3) 感受情境学习的有效性。

【行动准备】

（1）多媒体教学系统（课件）。

（2）学生自己准备的道具。

（3）上网或利用其他工具查找相关理论知识。

【行动过程】

第一步骤：教师下达任务书。

第二步骤：通过了解和调查的内容，组内分配成员角色，准备道具。

第三步骤：上课期间把排练的情景剧进行表演。

第四步骤：最后每组派一名代表上台总结。

第五步骤：教师对学生的行为进行点评和对知识内容进行总结，然后引出相关的行动锦囊。

任务书

（1）全班分4组，每组的成员分别饰演一个角色（物流企业的工作人员以及客户）。

（2）通过上网和去公司调查，了解现代物流公司的实际操作情况，包括公司的工作流程、业务内容、业务流程、客户服务情况等。

假定是一家第三方物流企业。

① 模拟客户发出物流需求及内容。商务代表沟通签订合同，协助编制订单发货。

② 模拟车辆调度员编制车辆计划上门取货（有的客户送货），操作员按时间计划编制配载清单。

③ 模拟配送中心包装分拣、分理送货工作；客户验收入库、签收返单工作。

④ 模拟客服员开展工作：协助商务代表建立客户档案、关系维护、定期回访、客户满意度调查。

要求：演艺内容贴近公司实际操作，反映实际情况。

【行动锦囊】

  我国现代物流的现状

1. 物流基础设施规模迅速扩大

近年来，我国基本建成了由铁路、公路、水路、民航和管道运输组成的物流运输基础设施体系。2003年，我国铁路营业里程7.3万公里，比1978年增加41%；公路里程达179.6万公里，比1978年增加102%，其中高速公路3万公里；内河航道里程12.2万公里。此外，我国还建成了一批铁路、公路站场和货物枢纽，海运和内河港口、机场。运输线路和作业设施有了较大的改善。以发展现代物流为核心的物流园区、物流中心、配送中心等大批涌现。

2. 全社会货物运输量持续增加

在良好的宏观经济环境下，交通运输部门在继续深化体制改革的基础上，大力开展结构调整和企业重组，提高运输效率和服务质量，运输形势平稳发展，铁路、公路、水运是主要的运输方式。

由于沿海的区域经济发展比较快以及对外贸易的增长，沿海主要港口吞吐量增长很快，2001年为14.26亿吨，2002年达到16.63亿吨，增长率为14.25%。由于入世促进外贸，2005年对外贸易总额将突破7000亿美元。港口吞吐量仍将保持快速增长的走势，有7个港口跻身世界亿吨港行列，上海港货物吞吐量超过两亿吨，成为世界第四大港。

3. 物流市场潜力巨大

主要基于以下几点。①汽车工业；②家电、电子、通讯产业；③商业系统；④药品、食品工业。

4. 第三方物流服务方兴未艾

中国目前与物流相关的年总支出有19000亿人民币，物流成本占GDP的比重为20%～25%，第三方物流的市场潜力很大。根据中国仓储协会进行的第三次物流市场调查分析：有57%的生产企业和38%的商业企业正在寻找新的物流代理商，企业对第三方物流的满意度在逐渐提高，企业目前的物流需求以物流运作为主，更强调物流总代理的形式，需要一体化的物流服务。与第一次、第二次调查研究结果相比，市内配送服务需求也越来越迫切，同时物流过程管理、物流决策、资料撷取等信息服务越来越受到企业的重视。种种迹象表明，中国第三方物流市场方兴未艾。但真正意义上的第三方物流处于发展初期，根据美智（Mercer）管理顾问公司和中国物流与采购联合会对中国第三方物流市场进行研究，2001年的市场规模在400亿人民币以上。70%的物流服务提供商在过去的3年中，年均业务增幅都高于30%，中国第三方物流市场2000～2005年的年增长率将达到25%。推动中国第三方物流发展的主要因素，首先在于跨国企业正在将更多的业务转向中国，并通过外包来降低供应链成本；其次是中国公司面临着降低成本和更加关心核心竞争力的压力，而增加了物流外包的需求；最后是政府的激励措施也是刺激中国的第三方物流市场迅速发展的重要因素。

5. 物流技术装备水平迅速提高

由于近年来我国企业生产规模与水平的不断提高，生产设备与物流设备的更新与现代化需求旺盛，汽车、烟草、药品、家电等行业都是物流技术装备的良好市场。

为了适应市场需求，物流技术装备厂商也不断提高产品的水平并且开发出新产品。日本和欧美等国外著名厂家也接连在中国设立办事处以及分公司，也有外国公司为了更深入的介入中国市场，和中国企业建立了密切的合作关系。

外国企业更广泛地进入中国市场，提供了高性能的技术装备，而且中国企业的产品也不断出现新品种，质量也不断提高。近年来华为公司、海尔公司以及许多烟草公司的高水平物流系统的建成，对企业的持续发展起到了坚强的保证作用。邮政、机场、连锁商业等配送中心和分拣设施的建设也有效地保证了该系统的高效率运行。

因此，物流技术装备水平的提高为我国物流现代化提供了良好的物质基础和技术支持。

锦囊二 国外现代物流的发展现状

从发达国家的物流发展现状看，物流业已进入较为成熟的阶段，发展主要体现在物流内涵的拓展、过程的延伸、覆盖面的扩大以及物流管理的日益专业化、信息化和标准化。

1. 物流服务的拓展

物流服务已经逐步将加工、保税、仓储、金融、保险乃至报关、通关、商检、卫检、动植检、中转等业务统一进来，把整个商贸流通过程作为一个完整的领域来进行通盘考虑和经营。近年来，由于信息技术的发展和比较成本优势的驱动，产品异地加工、装配、包装、标志、分拨、配送、销售等增值服务，也逐渐涵盖进来。

2. 物流服务过程的延伸

物流服务的过程经历了"港口到港口"、"门到门"和"货架到货架"等几个阶段，其过程在逐步延伸。由于生产企业需要实行"即时供货"和"零库存"，以加速资金和货物的周转利用，物流业将生产以前的计划、供应也逐渐包括在自己的服务范围之内，使服务过程向前延伸。

3. 物流服务的覆盖面不断扩大

科学技术的日新月异和交通工具、信息系统的不断创新，使地球变得越来越小，也使物流业相应地扩大了自己的覆盖面。近年来，跨国家、跨地区、跨城市的物流服务都有了较快发展。

4. 第三方物流作用日趋显著

"第三方物流"来是指为发货人（第一方）和收货人（第二方）提供专业物流服务的第三方企业。物流服务公司在货物的实际移动链中并不是一个独立的参与者，而是代表发货人或收货人来执行。之所以强调发展第三方，主要是实现物流运营的专业化、科学化，并使物流企业与物流需求者之间建立更紧密、有效的联系。

5. 电子物流发展

基于互联网的电子商务迅速发展，使电子物流快速发展。企业或个人通过电子网络与外界沟通，实现网上购物，这种网上直通的方式使企业能迅速、准确、全面的了解需求信息，进一步实现最优的生产模式和物流业务。这种可在线跟踪货物、在线规划物流线路、在线实施物流调度及货运检查的电子物流，是21世纪物流的发展方向。

【行动评价】

"物流的今天"技能训练任务评价表

小　　组		成　　员				
考评标准	项　　目	分值/分	自我评价(30%)	他组评价(40%)	教师评价(30%)	合计(100%)
	表演的态度	25				
	调查的内容	30				
	搜集资料的能力	15				
	团队的合作精神	15				
	沟通能力	15				
合　　计		100				

【行动加固】

（1）老师带学生去参观物流企业，学生从老师的解说以及公司人员的进一步解释更进一步地了解物流企业的现状。

（2）请学生上网收集三家物流企业的资料，并分析比较各自主营业务的特色。要求一个是典型的运输企业，一个是优秀的仓储企业，另一个是新兴的物流咨询和金融企业。

技能训练任务三　物流的明天

【行动目标】

进入新世纪，由于全球经济一体化进程日益加快，企业面临着更加激烈的竞争环境，资源在全球范围内的流动和配置大大加强，世界各国更加重视物流发展对于本国经济发展、国民生活素质和军事实力增强的影响，都十分重视物流业的现代化，从而使现代物流呈现出一系列新的发展趋势。那么，未来的物流会出现怎样的趋势呢？今天，让我们一起来思考物流的未来发展。

通过本行动的学习和训练，我们将能够了解以下几个方面。

（1）启发学生对现代物流明天的思考。
（2）培养勇于实践，勇于创新的工作作风。
（3）感受头脑风暴法相互学习的魅力。

【行动准备】

（1）多媒体教学系统（课件）。
（2）使用教学模具（在一块空板上罗列出一个地区布局），棋盘一张，棋牌一套。
（3）上网查阅各国的物流发展状况，贸易状况。

【行动过程】

第一步骤：教师下达任务书。
第二步骤：小组讨论和完成棋盘的布局。
第三步骤：小组派成员出来讲述布局的理由。
第四步骤：教师对学生的行为进行点评和对知识内容进行总结，然后引出相关的行动锦囊。

任务书

全班分为8组，为自己的组起一个名字，每个组代表一个国家的企业，选组长，各组完成以下任务。

（前提条件：棋盘上所有的商铺是空的）

(1) 各小组根据棋盘上当前的布局，把"企业"合理设点于该布局里。

(2) 各组相互观摩其他组的企业布局情况。

(3) 组织各小组组长对各组的企业布局进行评议。

(4) 选出最有代表性的1~2个组，把本组的企业布局在讲坛的演示棋盘上展示出来，并进行解读。

(5) 选出一个"企业布局优胜组"，并以此为基础，在各组成员的共同努力下，在演示棋盘上布局一个最佳的"企业布局"。

(6) 学生点评，教师点评、小结。

【行动锦囊】

下一代物流

许多物流专家相信共同化物流，建立在所有供应链伙伴上的连续、实时优化和沟通的物流模式，将是下一阶段演进的方向。还有一些物流专家认为下一阶段的物流将是虚拟物流或是第四方物流，即所有物流活动与管理将外包给第三方物流供应商，而第三方物流供应商反过来被一个当做第四方物流供应商的总承包商管理。不管下一代物流呈现何种形态，有一点可以肯定的是，未来的物流活动在企业的成功和失败方面将继续扮演着重要的角色，其范围和影响力将继续得以扩展。

(1) 第三方物流得到迅猛发展。

(2) 信息化程度高，大量使用信息技术及网络技术。

(3) 物流人才向高文化、高技术和高素质转变。

(4) 物流公司的规模不断扩大，大量物流公司重组、合并，开始出现跨地区及跨国的物流公司。

(5) 标准化、自动化程度更高，大量使用先进的物流设备。

(6) 物流服务的内容不断向上下游延伸。

【行动评价】

"物流的明天"技能训练任务评价表

小 组		成 员				
考评标准	项 目	分值/分	自我评价(30%)	他组评价(40%)	教师评价(30%)	合计(100%)
	参与讨论的积极性	25				
	选址的正确性	30				
	内容	15				
	团队的合作精神	15				
	沟通能力	15				
	合 计	100				

【行动加固】

（1）调查与收集最有创新力的三家物流公司资料，并分析它的发展趋势。

（2）收集两家信息化和标准化管理领先的物流企业，总结他们的成功经验，哪些对你启发很大？

（3）收集和学习物流标准，了解我国物流技术和设备设施发展情况。

① 物流通用基础标准　物流术语 GB/T 18354—2001 物流通用基础标准　001 物流企业分类　002 物流产业分类

② 物流技术标准　联运通用平托盘　主要尺寸及公差 GB/T 2934—1996 塑料平托盘 GB/T 15234—1994 等。

③ 物流信息标准　储运单元条码 GB/T 16830—1997 等。

④ 物流管理标准　共 209 项。

⑤ 物流服务标准　共 269 项。

第三模块　形形色色的物流

【本模块的学习目标】

通过本模块的学习，我们将了解现代物流企业的分类，物流业务的类型，各类型物流企业的业务特点及服务对象，了解不同企业岗位设计和职能要求的区别，帮助学生进一步认识物流产业在国民经济中的地位。

技能训练任务一　从物流的经营业务类型来认识物流

【行动目标】

通过本行动的学习和训练，我们将能够了解以下几个方面。

（1）了解物流的多种分类方式。

（2）从物流的经营业务类型来认识物流。

（3）了解运输型物流企业、仓储型物流企业、综合服务型物流企业的特点。

（4）根据所学知识判断物流企业所属类型。

【行动准备】

（1）多媒体教学系统（课件），分别播放几个5A级物流企业的宣传资料片（如中远集团、远成集团、招商物流等企业），分析各自特征，增强学生的直观认识。

（2）发挥学生的自主能动性，说出他们所认识的物流企业及其特点、服务对象。

（3）上网或者利用其他工具查找相关理论知识。

【行动过程】

第一步骤：教师下达任务书。

第二步骤：小组合作完成任务。

第三步骤：小组派成员出来讲述物流分类的理由。

第四步骤：教师对学生的行为进行点评和对知识内容进行总结，然后引出相关的行动锦囊。

任务书

（1）物流名词接龙竞赛。

要求：① 以组为单位，全体成员都要参与。

② 由第一组开始轮转，每次由本组的一个同学在黑板上写一个关于物流类型的名词（以"物流"为后缀，前面采用不同的定语，如"现代物流"、"供应物流"等）。

③ 所有物流名词不能重复。

④ 本组成员必须在每个组员都轮上一次后方可重复上场，两个组的组员接龙时间间隔不能超过5秒，超时者该组将被淘汰出局，若所写物流名词不符合要求也即刻被淘汰出局。

⑤ 能坚持到最后的组是优胜组。

(2) 各组将全班所列出的物流名词按一定的分类标准进行分类。

(3) 各组再从物流的经营类型将所列出的物流名词进行分类，找出符合仓储型、运输型、综合型物流的物流名词。

【行动锦囊】

  物流按经营业务分类

根据中华人民共和国国家标准（GB/T19680——2005），《物流企业分类与评估指标》中的有关规定，根据物流企业以某项服务功能为主要特征，并向物流服务其他功能延伸的不同状况，将物流企业划分为以下几种。

1. 运输型物流企业

运输型物流企业（Logistics business enterprise of transport），它应同时符合以下要求。

(1) 以从事货物运输业务为主，包括货物快递服务或运输代理服务，具备一定规模。

(2) 可以提供门到门运输、门到站运输、站到门运输、站到站运输服务和其他物流服务。

(3) 企业自有一定数量的运输设备。

(4) 具备网络化信息服务功能，应用信息系统可对运输货物进行状态查询、监控。

2. 仓储型物流企业

仓储型物流企业（Logistics business enterprise of warehouse），它应同时符合以下要求。

(1) 以从事仓储业务为主，为客户提供货物储存、保管、中转等仓储服务，具备一定规模。

(2) 企业能为客户提供配送服务以及商品经销、流通加工等其他服务。

(3) 企业自有一定规模的仓储设施、设备，自有或租用必要的货运车辆。

(4) 具备网络化信息服务功能，应用信息系统可对货物进行状态查询、监控。

3. 综合服务型物流企业

综合服务型物流企业（Logistics business enterprise of comprehensive service），它应同时符合以下要求。

(1) 从事多种物流服务业务，可以为客户提供运输、货运代理、仓储、配送等多种物流服务，具备一定规模。

(2) 根据客户的需求，为客户制定整合物流资源的运作方案，为客户提供契约性的综合物流服务。

(3) 按照业务要求，企业自有或租用必要的运输设备、仓储设施及设备。

(4) 企业具有一定运营范围的货物集散、分拨网络。

(5) 企业配置专门的机构和人员，建立完备的客户服务体系，能及时、有效地提供客户服务。

(6) 具备网络化信息服务功能，应用信息系统可对物流服务全过程进行状态查询和监控。

物流企业分类与评估指标

中华人民共和国国家标准（GB/T19680—2005），《物流企业分类与评估指标》中的规定，根据物流企业的经营状况、资产、管理及服务、人员素质和信息化水平等，将物流企业划分为 AAAAA、AAAA、AAA、AA、A 五个等级。AAAAA 级最高，依次降低（见表 3-1～表 3-3）。

表 3-1 运输型物流企业的各 A 评估标准

	评估指标	级别				
		AAAAA 级	AAAA 级	AAA 级	AA 级	A 级
经营状况	1. 年货运营业收入/元*	15 亿以上	3 亿以上	6000 万以上	1000 万以上	300 万以上
	2. 营业时间*	3 年以上	2 年以上		1 年以上	
资产	3. 资产总额/元*	10 亿以上	2 亿以上	4000 万以上	800 万以上	300 万以上
	4. 资产负债率*	不高于 70%				
设备设施	5. 自有货运车辆/辆*（或总载重量/t*）	1500 以上（7500 以上）	400 以上（2000 以上）	150 以上（750 以上）	80 以上（400 以上）	30 以上（150 以上）
	6. 运营网点/个	50 以上	30 以上	15 以上	10 以上	5 以上
管理及服务	7. 管理制度	有健全的经营、财务、统计、安全、技术等机构和相应的管理制度				
	8. 质量管理*	通过 ISO9001——2000 质量管理体系认证				
	9. 业务辐射面*	国际范围	全国范围	跨省区	省内范围	
	10. 顾客投诉率（或顾客满意度）	≤0.05%（≥98%）		≤0.1%（≥95%）		≤0.5%（≥90%）
人员素质	11. 中高层管理人员*	80% 以上具有大专以上学历或行业组织物流师认证		60% 以上具有大专以上学历或行业组织物流师认证		30% 以上具有大专以上学历或行业组织物流师认证
	12. 业务人员	60% 以上具有中等以上学历或专业资格		50% 以上具有中等以上学历或专业资格		30% 以上具有中等以上学历或专业资格
信息化水平	13. 网络系统*	货运经营业务信息全部网络化管理			物流经营业务信息部分网络化管理	
	14. 电子单证管理	90% 以上		70% 以上		50% 以上
	15. 货物跟踪*	90% 以上		70% 以上		50% 以上
	16. 客户查询*	建立自动查询和人工查询系统			建立人工查询系统	

注：1. 标注 * 的指标为企业达到评估等级的必备指标项目，其他为参考指标项目。
2. 货运营业收入包括货物运输收入、运输代理收入、货物快递收入。
3. 运营网点是指在经营覆盖范围内，由本企业自行设立、可以承接并完成企业基本业务的分支机构。
4. 顾客投诉率是指在年度周期内客户对不满意业务的投诉总量与企业业务总量的比率。
5. 顾客满意度是指在年度周期内企业对顾客满意情况的调查统计。

表 3-2　仓储型物流企业的各 A 评估标准

评估指标		级别				
		AAAAA级	AAAA级	AAA级	AA级	A级
经营状况	1. 年仓储营业收入/元*	6亿以上	1.2亿以上	2500万以上	500万以上	200万以上
	2. 营业时间*	3年以上	2年以上		1年以上	
资产	3. 资产总额/元*	10亿以上	2亿以上	4000万以上	800万以上	200万以上
	4. 资产负债率*	不高于70%				
设备设施	5. 自有仓储面积/m²*	20万以上	8万以上	3万以上	1万以上	4000以上
	6. 自有或租用货运车辆/辆	500以上	200以上	100以上	50以上	30以上
	7. 配送客户点/个	400以上	300以上	200以上	100以上	50以上
管理及服务	8. 管理制度	有健全的经营、财务、统计、安全、技术等机构和相应的管理制度				
	9. 质量管理*	通过ISO9001—2000质量管理体系认证				
	10. 顾客投诉率（或顾客满意度）	≤0.05%（≥98%）	≤0.1%（≥95%）		≤0.5%（≥90%）	
人员素质	11. 中高层管理人员*	80%以上具有大专以上学历或行业组织物流师认证	60%以上具有大专以上学历或行业组织物流师认证		30%以上具有大专以上学历或行业组织物流师认证	
	12. 业务人员	60%以上具有中等以上学历或专业资格	50%以上具有中等以上学历或专业资格		30%以上具有中等以上学历或专业资格	
信息化水平	13. 网络系统*	仓储经营业务信息全部网络化管理			物流经营业务信息部分网络化管理	
	14. 电子单证管理*	90%以上	70%以上		50%以上	
	15. 货物跟踪*	90%以上	70%以上		50%以上	
	16. 客户查询*	建立自动查询和人工查询系统			建立人工查询系统	

注：1. 标注 * 的指标为企业达到评估等级的必备指标项目，其他为参考指标项目。
2. 仓储营业收入指企业完成货物仓储业务、配送业务所取得的收入。
3. 顾客投诉率是指在年度周期内客户对不满意业务的投诉总量与企业业务总量的比率。
4. 顾客满意度是指在年度周期内企业对顾客满意情况的调查统计。
5. 配送客户点是指企业当前的、提供一定时期内配送服务的、具有一定业务规模的、客户所属的固定网点。
6. 租用货运车辆是指企业通过契约合同等方式可进行调配、利用的货运专用车辆。

表 3-3　综合服务型物流企业的各 A 评估标准

评估指标		级别				
		AAAAA级	AAAA级	AAA级	AA级	A级
经营状况	1. 年综合物流营业收入/元*	15亿以上	2亿以上	4000万以上	800万以上	300万以上
	2. 营业时间*	3年以上	2年以上		1年以上	
资产	3. 资产总额/元*	5亿以上	1亿以上	2000万以上	600万以上	200万以上
	4. 资产负债率*	不高于75%				
设备设施	5. 自有或租用仓储面积/m²	10万以上	3万以上	1万以上	3000以上	1000以上
	6. 自有或租用货运车辆/辆	1500以上	500以上	300以上	200以上	100以上
	7. 运营网点/个*	100以上	50以上	30以上	10以上	5以上

续表

	评估指标	级别				
		AAAAA级	AAAA级	AAA级	AA级	A级
管理及服务	8. 管理制度	有健全的经营、财务、统计、安全、技术等机构和相应的管理制度				
	9. 质量管理*	通过ISO9001——2000质量管理体系认证				
	10. 业务辐射面*	国际范围	全国范围	跨省区	省内范围	
	11. 物流服务方案与实施*	提供物流规划、资源整合、方案设计、业务流程重组、供应链优化、物流信息化等方面服务			提供整合物流资源、方案设计等方面的咨询服务	
	12. 顾客投诉率(或顾客满意度)	≤0.05%（≥98%）		≤0.1%（≥95%）	≤0.5%（≥90%）	
人员素质	13. 中高层管理人员*	80%以上具有大专以上学历或行业组织物流师认证		10%以上具有大专以上学历或行业组织物流师认证	50%以上具有大专以上学历或行业组织物流师认证	
	14. 业务人员	60%以上具有中等以上学历或专业资格		50%以上具有中等以上学历或专业资格	40%以上具有中等以上学历或专业资格	
信息化水平	15. 网络系统*	物流经营业务信息全部网络化管理			物流经营业务信息部分网络化管理	
	16. 电子单证管理*	100%		80%以上	60%以上	
	17. 货物跟踪*	90%以上		70%以上	50%以上	
	18. 客户查询*	建立自动查询和人工查询系统			建立人工查询系统	

注：1. 标注*的指标为企业达到评估等级的必备指标项目，其他为参考指标项目。
2. 综合物流营业收入指企业通过物流业务活动所取得的收入，包括运输、储存、装卸、搬运、包装、流通加工、配送等业务取得的收入总额。
3. 运营网点是指在经营覆盖范围内，由本企业自行设立、可以承接并完成企业基本业务的分支机构。
4. 顾客投诉率是指在年度周期内客户对不满意业务的投诉总量与企业业务总量的比率。
5. 顾客满意度是指在年度周期内企业对顾客满意情况的调查统计。
6. 租用货运车辆是指企业通过契约合同等方式可进行调配、利用的货运专用车辆。
7. 租用仓储面积是指企业通过契约合同等方式可进行调配、利用的仓储总面积。

宝供物流企业集团有限公司介绍

宝供物流企业集团有限公司（以下简称宝供集团）创建于1994年，总部设在广州，是国内第一家经国家工商总局批准以物流名称注册的企业集团，是中国最早运用现代物流理念为客户提供物流一体化服务的专业公司，也是目前我国最具规模、最具影响力、最领先的第三方物流企业。公司自创办以来，一直致力于推动中国现代物流的发展和进步，宝供模式已成为中国现代物流发展的主流模式，也成为许多教科书的经典案例和物流专业的必修课。当前，公司已在全国65个城市设有7个分公司、8个子公司和50多个办事处，形成了一个覆盖全国并开始向美国、澳大利亚、泰国、中国香港等地延伸的国际化物流运作网络和信息网络，与国内外近百家著名企业结成战略联盟（其中包括宝洁、飞利浦、联合利华、安利、通用电器、松下、三星、东芝、LG、壳牌、丰田汽车、雀巢、卡夫等52家世界500强企业），为他们提供商品以及原辅材料、零部件的采购、储存、分销、加工、包装、配送、信息处理、信息服务、系统规划设计等供应链一体化的综合物流服务。2002年12月宝供集团被中国物流与采购联合会命名为"中国物流示范基地",成为入选的唯一一家第三方物流企业,同时它也是中国物流百强企业。

2004年,宝供集团以其雄厚的实力及现代物流经营理念,取得当时国内唯一广州←→上海(现改为深圳←→上海)行邮特快专列的独家经营权,该专列全程按特快客车运行图运行,可为社会各企事业单位提供行李、包裹、邮件及其他大宗货物的铁路快速运输服务、区域接取送达服务以及包括储存、包装、装卸、配送、物流加工、信息咨询等一体化的综合物流服务。

宝供集团汇聚和培养了一大批熟悉中西文化、深谙现代物流和供应链管理内涵、具有丰富运作经验的员工队伍。目前企业有员工1700多人,管理人员占总人数的12.3%;工程技术人员占总人数的23.6%。大学以上学历达到70%,拥有包括教授、博士、硕士在内的高层次、高素质的专业人才,还聘请国内外大批物流领域的资深人士组成专家顾问团,提高了企业的咨询、决策水平。宝供集团业务范围包括物流规划、货物运输、分销配送、储存、信息处理、流通加工、国际货代、增值服务等一系列专业物流服务。2006年,宝供集团主营物流服务收入超过15亿元。

宝供集团是国内第一家将工业化管理标准应用于物流服务系统的企业,并全面推行GMP质量保证体系和SOP标准操作程序,宝供集团的整个物流运作自始至终处于严密的质量跟踪及控制之下,确保了物流服务的可靠性、稳定性和准确性。2004年,宝供集团的货物运作可靠性达到99%,运输残损率为万分之一,远远优于国家有关货物运输标准。从1997年起,宝供集团在国家经贸委等部门支持下,每年独资组织召开一次"中国物流技术与管理发展高级研讨会",邀请中外物流界的专家、学者、政府主管部门的领导及物流企业的管理者交流、研讨、传播现代物流知识及理念,迄今已成功举办了十余届研讨会,引起了社会各界的普遍关注;1999年,捐资兴建了汕头市塘西学校运光礼堂,之后几年,在教育方面的捐资合计近400万;2000年,发起设立了中国第一个公益性的"宝供物流奖励基金",每年斥资100万元人民币表彰奖励在物流领域有突出贡献的人士;鉴于目前国内物流人才短缺的现象,宝供物流企业集团还和清华大学珠海科技园合作,共同创办了物流管理培训中心,为社会培养并输送优秀的物流人才。

宝供集团获得了国内和国际的好评和认可,国际著名的企业管理咨询机构麦肯锡及国际著名投资机构摩根斯坦利评价宝供物流集团是中国目前"最领先"的和"最具价值"的第三方物流企业;2002年,在美智公司中国物流行业认知度调查中,宝供以40%的认知度雄居国内外同行之首。

【行动链接】

广东省被评为国家A级物流企业的名单

中华人民共和国国家标准《物流企业分类与评估指标》(GB/T 19680—2005)发布实施以后,如何依据这个标准对物流企业进行评估,全面、系统、客观地反映企业的综合服务能力,以不断提高物流服务质量、促进物流业健康发展,是标准能否得到有效的宣传贯彻和执行的关键环节。因此,中国物流与采购联合会经过物流企业综合评估试点后,分期评出几批A级物流企业名单。有一些广东物流企业名列其中。

第一批A级物流企业名单(广东)如下。

5A级物流企业有中海集团物流有限公司,中铁现代物流科技有限公司,嘉里大通物流有限公司，远成集团有限公司。

3A级物流企业有广东鱼珠物流基地有限公司。

第二批A级物流企业名单（广东）如下。

5A级物流企业有南方物流企业集团有限公司。

4A级物流企业有深圳市长禾国际供应链管理有限公司，深圳市共速达物流有限公司，全程物流（深圳）有限公司，佛山市汽车运输集团有限公司，中信物流有限公司。

3A级物流企业有广东省金属材料公司仓储分公司。

2A级物流企业有广东省华星物资储运公司，广东环粤物流有限公司。

全国第三批A级物流企业名单（广东）如下。

5A级物流企业有宝供物流企业集团有限公司，广东省航运集团有限公司，深圳市亦禾供应链管理有限公司。

4A级物流企业有广州市商业储运公司，深圳市凯通物流有限公司广州分公司，广东省电信器材公司，华通行物流有限公司。

3A级物流企业有广州市卓志物流服务有限公司，中山市广通物流发展有限公司，广州山源物流有限公司，中山市港航企业集团有限公司，广东怀远物流实业有限公司，深圳市华鹏飞运输有限公司，综合信兴仓运（深圳）有限公司，中海物流（深圳）有限公司。

2A级物流企业有深圳市佳捷物流有限公司。

全国第四批A级物流企业名单（广东）如下。

5A级物流企业有广东欧浦钢铁物流股份有限公司。

4A级物流企业有广州城市之星运输有限公司。

3A级物流企业有广州市黄埔区通达储运有限公司，广州市宏峰物流有限公司，广州市圣通运输服务有限公司。

2A级企业有广州市超粤物流配送有限公司。

全国第五批A级物流企业名单（广东）如下。

4A级物流企业有广东德邦物流有限公司，广东鱼珠物流基地有限公司（3A升4A），广州广日物流有限公司，深圳市宝鼎威物流有限公司。

3A级物流企业有广东九州通医药有限公司，广州大顺发物流有限公司，广州市广石物流有限公司，广州市鑫昌物流有限公司，广州市裕丰控股股份有限公司，广州中联环宇货业储运有限公司，威时沛运货运（广州）有限公司。

2A级物流企业有珠海市恒顺供应链物流服务有限公司，广州市天凯运输有限公司。

全国第六批A级物流企业名单（广东）如下。

4A级物流企业有广州市卓志物流服务有限公司，广东省华大物流总公司，广州市远翔物流有限公司，深圳市万港物流发展有限公司。

3A级物流企业有广东天润物流市场发展有限公司，广东广信通信服务有限公司，中山市曙光运输有限公司。

2A级物流企业有广州市垦通物资运输服务有限公司。

第七批A级物流企业名单（广东）如下。

4A级物流企业有广州市新邦物流服务有限公司，广州风神物流有限公司，广东广通物流发展有限公司，珠海澳沪物流有限公司，深圳市恒路物流有限公司。

3A级物流企业有深圳市佳捷国际物流有限公司。

第八批A级物流企业名单（广东）如下。

5A级物流企业有顺丰速运（集团）有限公司。

4A级物流企业有广州市穗佳物流有限公司，广州市宏峰物流有限公司，日捆物流（中国）有限公司。

3A级物流企业有广州市新易泰物流有限公司，广州长运全程物流有限公司，中山市粤通物流服务有限公司，惠州金泽集团有限公司，爱思开钢铁（东莞）有限公司。

【行动评价】

"从经营业务认识物流"技能训练任务评价表

小组		成员				
考评标准	项目	分值/分	自我评价(30%)	他组评价(40%)	教师评价(30%)	合计(100%)
	竞赛结果	30				
	归类合理	30				
	积极参与	20				
	团队的合作精神	20				
	合计	100				

【行动加固】

（1）查找资料，选出十家国内最著名的物流企业，并为他们归纳所属类型。

（2）阅读"锦囊三——宝供物流企业集团有限公司介绍"通过社会调查或借助网络搜索，继续了解有关宝供物流公司的信息，它的类型、规模、主要经营业务，及你对宝供公司当前经营状况和将来发展前景的评价。根据物流企业A级评估标准，为这家公司评级。

技能训练任务二 从物流的服务范围认识物流

【行动目标】

通过本行动的学习和训练，你将能够了解以下几点。

（1）从物流的服务范围来分类，大致分为哪几类。

（2）了解企业附属的物流子公司、专业物流公司、综合型物流公司的特点。

（3）根据所学知识判断物流企业所属类型。

【行动准备】

（1）多媒体教学系统（课件）。播放一些物流企业的资料片，分析他们的特征，增强学生的直观认识。

（2）发挥学生的自主能动性，说出他们所认识的物流企业及其特点、服务对象。

（3）上网或者利用其他工具查找相关理论知识。

【行动过程】

第一步骤：教师下达任务书。

第二步骤：小组合作完成任务。

第三步骤：小组派成员出来讲述各种物流公司的服务范围特点。

第四步骤：教师对学生的行为进行点评和对知识内容进行总结，然后引出相关的行动锦囊。

任务书

全班分4组，各组上网或者利用其他工具查找资料。分别列举一个具体的物流公司的业务服务范围情况，用来说明企业附属的物流子公司、专业物流公司、综合型物流公司的特点。

注：各组所用的资料不能相同。

【行动锦囊】

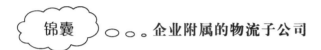锦囊 企业附属的物流子公司

1. 企业附属的物流子公司

物流子公司是隶属大型企业或企业集团下，主要为母公司或同一母公司属下的其他子公司提供物流服务的专业物流公司。与职能部门相比，子公司具有独立运作、独立核算的特点。

2. 专业物流公司

专业物流公司是根据某一行业的特点而成立的，专为该行业或相关行业的企业提供物流服务，这类物流公司的设备与技术要满足行业的特点，能根据行业特点提供针对性的服务。如危险品物流公司专为从事危险品生产及销售的企业服务。

3. 综合物流公司

这类物流公司是指能为整个社会各行各业，提供综合性物流服务的物流公司，这类公司提供的服务特点是通用性，服务对象广泛，服务对象一般对所提供的物流服务没有什么特殊要求。现在社会上的大多数物流公司都属这一类。

【行动评价】

"从服务范围认识物流"技能训练任务评价表

小组		成员				
考评标准	项目	分值/分	自我评价(30%)	他组评价(40%)	教师评价(30%)	合计(100%)
	资料搜集	30				
	分析正确	20				
	积极参与	30				
	团队的合作精神	20				
	合计	100				

【行动加固】

查找资料，寻找典型的家电物流、冷链物流、医药物流、汽车物流、化工物流各一家，了解他们的经营模式特点？各需要哪些专业化的设备设施？

技能训练任务三　从物流在国民经济中的位置来认识物流

【行动目标】

通过本行动的学习和训练，我们将能够了解以下几个方面。

(1) 从物流在国民经济中的位置，将物流企业大致分为哪几类。
(2) 了解工业生产物流、流通企业物流、社会物流的特点。
(3) 根据所学知识判断物流企业所属类型。

【行动准备】

(1) 多媒体教学系统（课件）。播放一些第三方物流企业资料片，分析他们的特征，增强学生的直观认识。
(2) 发挥学生的自主能动性，说出他们所认识的物流企业及其特点、服务对象。
(3) 上网或者利用其他工具查找相关理论知识。

【行动过程】

第一步骤：教师下达任务书。
第二步骤：小组合作完成任务。
第三步骤：小组派成员出来讲述各种类型物流公司在国民经济中的地位特点。
第四步骤：教师对学生的行为进行点评和对知识内容进行总结，然后引出相关的行动锦囊。

任务书

全班分4组，各组上网或者利用其他工具查找资料。分别列举一个具体的物流公司的业务领域范围情况，用来说明生产物流、流通企业物流、社会物流的特点。
注：各组所用的资料不能相同。

【行动锦囊】

锦囊一　　工业生产物流

工业企业物流是指为工业企业的生产经营活动所提供的物流活动，这种物流一般包括供应物流、生产物流、销售物流、回收物流及废弃物流。

(1) 供应物流　供应物流又称输入物流，是企业为保障自身的生产与经营活动，不断组织原材料、零配件、燃料、辅助材料供应的物流活动。

(2) 生产物流　是指企业生产过程中的物流活动。这种物流活动是伴随着生产过程而产生的，实际上也是生产过程的一部分。如生产线上待加工物品的流动，半成品在各车间之间的移动等。

（3）销售物流　即实物配送或输出物流。也是最早引起人们重视的企业物流领域。传统销售物流是与企业分销渠道相一致，由制造商、分销商或批发商、零售商分别独立管理，每个环节独立地选择运输方式，独立地决定存货方式。

（4）回收物流及废弃物流　企业在供应、生产、销售过程中总会产生边角余料和废料，其中有些是可以回收利用的，称回收物流；而有些则无利用价值，必须向外部排放，称为废弃物流。

锦囊二　流通企业物流

流通企业物流可分为采购物流、流通企业内部物流和销售物流三种形式。采购物流是流通企业组织货源，将物资从生产厂家集中到流通部门的物流。流通企业内部物流，包括流通企业内部的储存、保管、装卸、运送、加工等各项物流活动。销售物流是流通企业将物质转移到消费者手中的物流活动。

根据我国流通企业的类型，流通企业物流可分为以下几种。

1. 批发企业的物流

批发企业的物流是指以批发据点为核心，由批发经营活动所派生的物流活动。这一物流活动对于批发的投入是组织大量物流活动的运行，产出是组织总量相同物流对象的运出。在批发点中的转换是包装形态及包装批量的转换。

2. 零售企业的物流

零售企业物流是以零售商店据点为核心，以实现零售销售为主体的物流活动。零售企业的类型有：一般多品种零售企业、连锁型零售企业、直销企业等。

3. 仓储企业物流

仓储企业是以储存业务为主盈利手段的企业。仓储企业的物流是以接运、入库、保管保养、发运或运输为流动过程的物流活动，其中储存保管是其主要的物流功能。

4. 配送中心的物流

配送中心是集储存、流通加工、分货、拣选、运输等为一体的综合性物流过程。

5. "第三方物流"企业的物流

"第三方物流"通常也被称之为契约物流或物流联盟，是指从生产到销售的整个物流过程中进行服务的"第三方"，它本身不拥有商品，而是通过签订合作协定或结成合作联盟，在特定的时间段内按照特定的价格向客户提供个性化的物流代理服务。它是以现代信息技术为基础、实现信息和实物的快速、准确的协调传递，提高仓库管理、装卸运输、采购订货以及配送发运的自动化水平。具体的物流内容包括商品运输、储存、配送以及附加的增值服务等。

锦囊三　社会物流

社会物流（External logistics）是物流的主要研究对象，是指以全社会为范畴、面向广大用户的超越一家一户的物流。涉及在商品的流通领域所发生的所有物流活动，因此社会物流带有宏观性和广泛性，所以也称之为大物流或宏观物流。伴随商业活动的发生、物流过程通过商品的转移，实现商品的所有权转移。

【行动评价】

"从国民经济地位认识物流"技能训练任务评价表

小组		成员				
考评标准	项　目	分值/分	自我评价(30%)	他组评价(40%)	教师评价(30%)	合计(100%)
	资料搜集	30				
	分析正确	20				
	积极参与	30				
	团队的合作精神	20				
合　计		100				

【行动加固】

（1）收集两家最知名的"第三方物流企业"的发展情况，预测其发展趋势。

（2）收集两家最知名的流通企业经营物流的情况，预测其发展趋势。

第四模块 揭开现代物流神秘的面纱

【本模块的学习目标】

通过本模块的学习,我们将了解现代物流仓储、运输与配送、货代和通关等基本业务及物流信息管理的基本内容,为以后学习专业知识奠定基础。

技能训练任务一 储存业务是什么

【行动目标】

储存是指对物品进行保存及对其数量、质量进行管理控制的活动。储存是物流的最重要业务之一,是最基础的服务模式。储存可以为物品增加时间效用。

通过本行动的学习和训练,我们将能够了解以下几个方面。

(1) 了解储存的主要功能及作用。
(2) 了解仓库的种类。
(3) 了解仓库管理的主要业务。
(4) 了解各类产品对仓储的要求。

【行动准备】

(1) 多媒体教学系统(课件)。
(2) 仓储影像资料。
(3) 上网或利用其他工具查找相关理论知识。

【行动过程】

第一步骤:教师下达任务书。

第二步骤:播放资料片,学生分4组讨论(保税仓、城市配送中心、中转分拨仓、供应链库存管理)。

第三步骤:小组派成员出来陈述"4个公司可以提供的仓储服务和需要配套的设施"。

第四步骤:教师对学生的行为进行点评并对案例内容进行讲解和总结,然后引出相关的行动锦囊。

任务书

(1) 全班分4组。
(2) 观看"四种典型仓储企业"视频并阅读相关文字资料,分组讨论分析。
① 福保赛格实业有限公司可以提供哪些仓储服务和需要配套的设施?
② 杭州富日物流有限公司可以提供哪些仓储服务和需要配套的设施?
③ 浙江义乌市联托运开发总公司可以提供哪些仓储服务和需要配套的设施?
④ 台湾世平国际公司(WPI)苏州分公司可以提供哪些仓储服务和需要配套的设施?

案例分析资料：四种典型仓储企业

1. 保税仓

深圳赛格储运有限公司下属的福保赛格实业有限公司（以下简称为福保赛格）在深圳市福田保税区拥有28000平方米的保税仓。福田保税区的特点在于有通向中国香港落马洲的进出境通道（一号通道）和通向深圳市区的进出关通道（二号通道）。货物进出境只需向海关备案，而进出关则需要报关。客户可以利用保税区境内关外的政策优势，实现整批进境，分批入关的延迟纳税优惠，或提前退税的好处。

福保赛格的主要客户包括日本理光国际通运有限公司、华立船务有限公司、伯灵顿国际物流有限公司、华润物流有限公司等近百家外资、港资物流企业和分布于珠三角地区的制造企业。福保赛格面向这些企业，提供保税仓的长租和短租服务，并附带从事流通加工等物流增值服务。

福保赛格的在职员工约40名。包括5名管理人员，10名左右的叉车工人和搬运工人，另外还有报关员、报检员、客户服务人员、仓库管理员、勤杂人员（含门卫和设备检修人员）等约20多人。

福保赛格的赢利模式是以仓库库位出租为核心的物流服务项目的收费。基本收费项目是仓租费。另外还有装车、卸车、并柜/拼箱，对货品进行贴标、缩膜/打板、换包装、简单加工（如分包、重新组合包装、简单装配等），以及代客户进行报关、报检等服务项目的收费。主要支出是人工、水电、仓储物和设备折旧带来的维修维护费用等。

福保赛格的仓库主要是平面仓，有部分库区采用立体货架。以托盘为基本搬运单元，用叉车（以及地牛）进行进出库搬运和库内搬运。一楼是越仓区，有5辆燃气动力的叉车。2~10楼为储存区，每层都有1~2台电动叉车（用蓄电池驱动）。有2个大型货运电梯上下。车辆停靠的月台有10多个车位，可以停靠货柜车、箱式车等多种型号的运输车辆。

福保赛格目前仍然是以订单为驱动，以业务为中心进行运作的仓储服务企业，还没有转型到以客户服务为中心。在该公司管理层的推动下，公司上下全体员工已经树立了全面质量管理的理念，并以ISO9000质量管理体系的要求建立了规范化的质量文档体系。

2002年底~2003年底，赛格储运有限公司与赛邦软件合作开发了一套全新的，基于Web的B/S体系的物流管理系统，覆盖了运输业务、仓储业务、财务结算等各个方面，从而实现了客户网上下单、网上查询订单处理状态、库存状态、账单明细等，可以做到实时结算和预约结算。

福保赛格面临的最大问题是如何提高资产回报率。保税仓的固定资产超过8000万，而每年的利润却不如人意。与运输业务相比（货柜车辆的固定资产只有1000多万，每年贡献的利润却达到2000万以上），资产回报率太低。提高保税仓库区工作人员士气，努力增强服务意识，注重品质提升；增大物流增值服务的比例，大幅提高仓租费以外的收入来源，争取到更多利润贡献率高的优质客户，淘汰利润率低的C类客户等都是可能的解决途径。

为了使得公司提高保税仓的资产回报率，并在适当的时候通过ISO9000的认证。福保赛格希望通过内部实现全面质量管理来持续改进自己的管理流程，并通过信息化的手段来辅助管理的开展。首先他们希望建立现代的岗位培训制度，建立严谨的教育及培训计划。然后通过在部门中持续不断的开展培训和流程监控，消除内部部门之间的隔阂，提升所有员工主动为客户服务的意识,并且消除员工对于管理层的恐惧感,敢于提出自己的观点和看法;逐步取消妨碍基层员工的工作畅顺的因素以及量化考核指标;并且通过最高层领导的积极参与,在企业内部形成一种计划、执行、检查、处理的全体员工认同的管理文化。对外开发更多的高端客户,树立以客户为中心的意识(强烈关注客户的满意度),提出"要把服务做在客户没有想到之前"的口号。通过内部的管理流程挖潜和对外客户的优质增值服务来获得新的竞争优势。

2. 城市配送中心

杭州富日物流有限公司于2001年9月正式投入运营,注册资本为5000万元。富日物流拥有杭州市最大的城市快速消费品配送仓。它在杭州市下沙路旁租用的300亩土地上建造了140000平方米现代化常温月台库房,并正在九堡镇建造规模更大的600亩物流园区。富日物流已经是众多快速流通民用消费品的华东区总仓,其影响力和辐射半径还在日益扩大中。

富日物流通过引入西方先进的第三方物流经营理念,聘请了职业经理人王卫安,成功地开拓了以杭州为核心的周边物流市场,目前已成为杭州最大的第三方物流企业之一。富日物流的主要客户包括大型家用电器厂商(科龙、小天鹅、伊莱克斯、上海夏普、LG、三洋等)、酒类生产企业(五粮液的若干子品牌、金六福等)、方便食品生产企业(如康师傅、统一等)和其他快速消费品厂商(金光纸业、维达纸业等)。国美电器、永乐家电等连锁销售企业和华润万佳等连锁超市也与富日物流达成了战略合作关系。

富日物流的商业模式就是基于配送的仓储服务。制造商或大批发商通过干线运输等方式大批量地把货品存放在富日物流的仓库里,然后根据终端店面的销售需求,用小车小批量配送到零售店或消费地。目前,富日物流公司为各客户单位每天储存的商品量达2.5亿元。最近,这家公司还扩大了6万平方米的仓储容量,使每天储存的商品量达10亿元左右。按每月流转3次计,这家公司的每月物流量达30亿元左右,其总经理王卫安运用先进的管理经营理念,使得富日物流成为浙江现代物流业乃至长三角地区的一匹"黑马"。富日物流为客户提供仓储、配送、装卸、加工、代收款、信息咨询等物流服务,利润来源包括仓租费、物流配送费、流通加工服务费等。

富日物流的仓库全都是平面仓。部分采用托盘和叉车进行库内搬运。少量采用手工搬运。月台设计很有特色,适合于大型货柜车、平板车、小型箱式配送车的快速装卸作业。

与业务发展蒸蒸日上不同的是,富日物流的信息化一直处于比较原始的阶段,只有简单的单机订单管理系统,以手工处理单据为主。以富日物流目前的仓库发展趋势和管理能力,以及为客户提供更多的增值服务的要求,其物流信息化瓶颈严重制约了富日物流的业务发展。直到最近开始开发符合其自身业务特点的物流信息化管理系统。

富日物流在业务和客户源上已经形成了良性循环。如何迅速扩充仓储面积,提高配送订单的处理能力,进一步提高区域影响力已经成了富日物流公司决策层的考虑重点。

富日物流已经开始密切关注客户的需求,并为客户规划出多种增值服务,期盼从典型的仓储型配送中心开始向第三方物流企业发展。从简单的操作模式迈向科学管理的新台阶,富日物流的管理层开始意识到仅仅依靠决策层的先进思路是完全不够的,此时导入全面质量管理的管理理念和实施ISO9000质量管理体系,保证所有层次的管理人员和基层人员能够严格的按照全面质量管理的要求,并且在信息系统的帮助下,使得富日物流的管理体系能够上到一个科学管理的高度。

3. 中转分拨仓

浙江义乌市联托运开发总公司是一家集义乌全市所有联托运线点开发、经营和管理于一体的综合性企业，拥有大型的中转仓。

该公司对义乌市的所有省外线路的各个托运点只是拥有管理权而无所有权，也不拥有省外运输的车队。但其下属的联发快运则直接经营省内运输业务，并在浙江省内几乎每个县市都设有货物收发点，实现定点、定时收发货物。联发快运通过自己的运输力量可以在不超过 2 天的时间内在浙江省内任何 2 个县市之间完成货物送达。而发往省外的货物则需要通过义乌中转，交由设在义乌的直达全国 300 多个城市的托运点完成全程运输。因此，联发快运在义乌总部设有中转仓，以实现不同运输线路之间的货物中转分驳。由于货物在中转仓的停留时间短（通常只有几个小时），因此基本上没有正式的库存管理和库内管理（如比较正式的盘点、移仓作业）。仓库也是采用两端通透型类似于越库区（Cross decking）的设计，没有进行细致的库位划分。由于在义乌承揽货物、跑国内长途的货车都是平板车等非集装箱类车型。通常不采用托盘作为基本物流单元。也基本上不用叉车，而是以人工搬运为主。在质量管理上，有规范化的操作规程，但都是粗线条的，不够灵活和细致。过于强调低成本竞争，不重视对客户的服务。尚没有考虑通过 ISO9000 质量认证体系的贯彻和实施。

联发快运的管理层认为公司面临的最大问题是业务负荷远远跟不上运力。需要对货源和优质大客户进行深入挖掘。联发快运现在已经拥有的和可以整合的运力资源潜力非常巨大。具体办法包括转变以往等客上门的思想观念，加强服务意识，改革国有企业的人事制度等（义乌市联托运开发总公司是国有控股企业）。

4. 供应商库存管理（VMI）服务

中国台湾世平国际公司（WPI）苏州分公司。

随着大量台资、外资企业进驻苏州工业园区，苏州已经形成了电子元器件、芯片、电脑及电脑配件等硬件产品的庞大的企业生态群落。各企业之间存在着多对多的复杂的供销关系。在这一领域，存在着一个基本规律，那就是随着龙头企业的迁入，必将带动越来越多的上下游企业来苏州落户。从而使得苏州在 IT 硬件产品和电子元器件等领域的群体优势越来越明显。

这些企业对物流服务有着特殊的要求，原因在于随着分工的细化，这些电子产品、元器件、原材料和成品种类日益繁多、更新换代周期短、货品单值较高、周转迅速。制造企业为了尽可能地降低成本，减少库存对资金的占用，这些企业都强调准时生产（JIT）和零库存原则，要求供应商小批量、多批次、配合生产流程的频繁供货。

为了满足上述要求，统仓共配（又称为供应商库存管理，VMI）应运而生。其特征在于多个供应商共同租用一个公共仓库，面向一家或多家制造企业供货。当制造企业一次向多家供应商采购时，订单可以统一处理，从而在完成多对一的集中拣货和并单运输的同时，实现制造企业和供应商之间一对一的月度结算，由此大大降低了总体运输成本和交易成本，满足了制造企业的准时生产（JIT）的需求。

中国台湾世平国际公司是中国台湾省著名的 IT 渠道/分销商。沿袭业已存在的伙伴关系，满足苏州台资企业的物流需求，在苏州开展了统仓共配型仓储为核心的物流服务。

世平国际的客户既包括像明基电通、高科（苏州）等在内的大批台资企业，也包括英特尔、AMD在内的跨国巨头。

世平国际运营的公共仓储是以托盘为存储单元的半自动立体仓。在单据、库位和货品上全面采用了条形码扫描读取技术，并拥有自动化辅助分拣系统。

世平国际拥有严谨细致的业务流程和仓库管理规范，并严格按照ISO9000质量管理体系中的规范进行全面质量管理。标准化程度高，并有很强的持续改进能力。

世平国际应用了国外某知名仓储软件企业的软件产品进行信息化管理。相关员工在系统使用上已经相当娴熟。

目前该公司面临的问题是如何低成本扩张，以进一步扩充仓储能力、提高信息系统的处理能力，以应付不断增长的客户需求。

5. SWOT 分析

优势（Strength）：上述四家典型的仓储服务企业都拥有一定的先发优势。因为这四家企业都是国内较早从事专业仓储服务的第三方物流企业，并率先进入了各自对应的细分领域，现已在市场份额、知名度、营业规模、效益指标等方面已经取得了较大的领先地位。对于绝大多数后来者而言，都要付出大得多的努力才能取得这四家企业的同等地位。

劣势（Weakness）：与发达国家同类企业相比，上述四家典型仓储企业都存在总体实力弱、规模偏小、自动化程度不高、标准化程度不高、所服务客户的信息化水平较低导致信息自动交换水平低，以及自身管理水平、服务水平和服务质量相对落后。

机遇（Opportunity）：随着国内经济总量的持续增长和国内制造企业的迅猛发展，以及越来越多的企业认识到第三方物流企业和专业仓储服务的优越性，使得上述四家典型的仓储服务企业面临更大的市场空间和持续高速扩张的机遇。

威胁（Threats）：根据中国加入WTO的相关协议规定，中国将逐步开放包括仓储、国内运输、快递服务等在内的第三方物流服务领域给国外竞争者。而一直对国内物流市场虎视眈眈的跨国巨头，如UPS、FedEx、DHL/敦豪等物流企业都必将在不久的将来大规模进入国内市场，抢占可观的市场份额，最终威胁上述四家企业的生存空间。

问题：借鉴以上经验，如果贵公司也是仓储业务为主（并是其中的一种模式），请问你计划从哪些方面，完善公司的业务和管理？

【行动锦囊】

锦囊一　储存的主要功能和作用

（1）保护物品的使用价值。

（2）增加物品的时间效用。

（3）发挥"储水池"和"调节阀"的作用，保证物流活动有序的进行。

锦囊二　仓库的种类

1. 按仓库的营业范围划分

（1）自有仓库　自有仓库是指为满足本企业物流业务的需求而修建的、或长期租用的仓库,主要为本企业服务,由本企业自行管理,一般不对外服务。

(2) 公用仓库　公用仓库也称营业性仓库,是第三方专业物流公司所拥有的仓库,这类仓库一般可以为整个社会提供仓储服务。

(3) 专用仓库　专用仓库是由政府或某一主管部门投资建造的仓库,为社会对象提供特定的物流服务。如附属车站、码头的仓库,政府部门的战备储存仓库等。

2. 按建筑结构划分

(1) 平房仓库　平房仓库是指无楼层之分的仓库,特点是构造简单,建筑费用低廉,物品进出方便。

(2) 楼房仓库　楼房仓库是指具有二楼或二楼以上的多层仓库,这种仓库与平房仓库相比具有土地利用率高,利于物品防潮的特点,但建库投资较大,要有附属的升降设备。

(3) 高净空仓库　高净空仓库一般也是一种单层仓库,但仓库内的净空很高,利用重力货架和托盘可以多层堆放物品,达到楼房仓库的土地利用效果,由于使用了集成化的方式存放物品,使得物品的进出库都使用机械化,降低了工人的劳动强度,是一种现代化的仓库。

(4) 货棚仓库　货棚仓库是一种简易仓库,一般是有盖但没有围的仓库,主要用于存放一些保管条件要求不高的低价物品。

(5) 货场仓库　货场仓库是一种更简易的仓库,一般是一块平地,无盖无围,使用一些地台板垫高,用于堆放保管要求低的,不易被盗、不怕日晒雨淋的物品。货场存货,一般都要有苫垫。

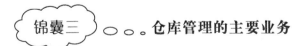

锦囊三　仓库管理的主要业务

(1) 进仓作业　货物进仓作业又称验货收货,是仓库作业过程的第一个步骤,主要包括收货前准备、收货验收、分类搬运和签发凭证几项具体内容。

(2) 在库管理　在库管理是根据保管合同的要求及保管货物的化学、物理特性对入库货物进行养护及管理,确保被保管货物的质量不下降,数量不减少,外观不损坏,从而保证物品原有的价值及使用价值。在库管理主要包括以下几项内容,堆码、养护、盘点等。

(3) 出库作业　出库作业一般是仓库管理的最后一个业务环节,就是根据货主单位的有效提货凭证,备齐待出库的货物,按时按量,交给提货人,或送到货主单位指定的地方。出库作业主要包括核对出货凭证、配货出库、交接放行和登账等内容。

各种行业对仓储服务提出的要求?

仓储服务细分市场分析:生鲜食品、服装鞋帽、化工产品、危化品、医药、农产品、汽车、钢铁、图书、集装箱等行业的物流仓储要求都有不同。

【行动评价】

"仓储业务是什么"技能训练任务评价表

小　　组		成　　员				
	项　　目	分值/分	自我评价(30%)	他组评价(40%)	教师评价(30%)	合计(100%)
考评标准	积极参与	30				
	分析全面正确	20				
	沟通能力	30				
	团队的合作精神	20				
	合　　计	100				

【行动加固】

(1) 经过以上训练,重新陈述对仓储的理解。

(2) 通过社会调查或网上查找相关资料,列举所熟悉的一家仓储型物流公司,并介绍它的核心业务。

(3) 每组同学制作一个PPT文件,要求图文并茂,用来演示说明"仓储业务是什么"。

技能训练任务二　运输业务是什么

【行动目标】

物流中的运输是指用设备和工具,将物品从一地点向另一地点运送的物流活动。其中包括集货、分配、搬运、中转、装入、卸下、分散等一系列操作。运输是物流另一个最重要的业务之一,物品在空间的位移就是依赖运输完成的。

通过本行动的学习和训练,你将能够了解以下几个方面。

(1) 运输的定义和功能。

(2) 运输的种类和特点。

(3) 运输成本的控制方法。

【行动准备】

(1) 多媒体教学系统(课件)。

(2) 案例资料。

(3) 上网或利用其他工具查找相关理论知识。

【行动过程】

第一步骤：教师下达任务书。

第二步骤：播放资料片，学生分4组讨论。

第三步骤：小组派成员出来陈述本组的讨论分析结果。

第四步骤：教师对学生的行为进行点评和对案例内容进行讲解和总结，然后引出相关的行动锦囊。

任务书

（1）全班分4组（公路运输组、水路运输组、航空运输组、多式联运组）。

（2）阅读"运输决策技巧"案例资料，分组讨论分析以下2点。

① 本组提供的物流运输服务是怎样的？需要哪些运输载体？

② 家乐福的运输决策经验对你有什么启发？你认为本组代表的物流企业在制定运输决策要关注哪些因素？

案例分析：运输决策技巧

企业参与运输决策对于物流成本的控制、运输效率的高低都有重要的影响，有效的运输决策往往能提高企业效益，也能在最短时间完成客户需要的服务。因此，各类企业都极其注重对物流系统的运输决策，从最终效益的角度来说，"开源"与"节流"具有同样的意义，正确的决策节省的物流成本不见得比产品本身获利要少。而一个企业物流系统运输决策往往通过运输网络设计，运输方式选择、装卸及配送水平高低等方面来实现。以下通过流通企业里的家乐福中国物流系统运输决策的案例来具体分析运输决策的各个方面。

1. 家乐福中国及其运输决策

成立于1959年的法国家乐福集团是大型超级市场概念的创始者，目前是欧洲第一，全球第二的跨国零售企业，也是全球国际化程度最高零售企业。家乐福于1995年进入中国市场，最早在北京和上海开设了当时规模最大的大卖场。目前，家乐福在中国31个城市相继开设了86家商店，拥有员工4万多人。家乐福中国公司经营的商品95％来自本地，因此家乐福的供货很及时，这也是家乐福在中国经营很成功的原因之一。家乐福实行是"店长责任制"，给各店长给予极大的权力，所以各个店之间并不受太多的制约，店长能灵活决定所管理的店内的货物来源和销售模式等。由于家乐福采用的是各生产商缴纳入场费，商品也主要由各零售商自己配送，家乐福中国总公司本身调配干涉力度不大，所以各分店能根据具体情况灵活决定货物配送情况，事实证明这样做的效果目前很成功。

家乐福中国在网络设计方面主要体现为运输网络分散度高，一般流通企业都是自己建立仓库及其配送中心，而家乐福的供应商直送模式决定了它的大量仓库及配送中心事实上都是由供应商自己解决的，受家乐福集中配送的货物占极少数。这样的经营模式不但可以节省大量的建设仓库和管理费用，商品运送也较集中配送来说更方便，而且能及时供应商品或下架滞销商品，不仅对家乐福的销售，对供货商了解商品销售情况也是极有利的。在运输方式上，除了较少数需要进口或长途运送的货物使用集装箱挂车及大型货运卡车外，由于大量商品来自本地生产商，故较多采用送货车。这些送货车中有一部分是家乐福租的车，而绝大部分则是供应商自己长期为家乐福各店送货的车,家乐福自身需要车的数量不多,所以它并没有自己的运输车队,也省去了大量的运输费用,从另一方面提高了效益。在配送方面,供应商直送的模式下,商品来自多条线路,而无论各供应商还是家乐福自己的车辆都采用了"轻重配载"的策略,有效利用了车辆的各级空间,使单位货物的运输成本得以降低,进而在价格上取得主动地位。而先进的信息管理系统也能让供应商在最短时间内掌握货架上其供销售的各种商品的货物数量以及每天的销售情况,补货和退货因此而变得方便,也能让供应商与家乐福之间相互信任的,建立了长期的合作关系。

2. 制造企业、流通企业、第三方物流企业物流系统运输决策的比较

制造企业的运输决策主要体现在其原料来源和产品输出上,由于其产品的特定性,往往需要从某些固定区域运送,所以其网络设计上大多采用少数大的集散地,对到达的原料运送至企业和把成型的产品运送至各销售地;而流通企业的货物仓库及配送中心一般较分散,而且数量较多,以便货物及时输送;第三方物流企业除了有自己固定的仓储配送中心外,还根据其长期提供服务的企业特点灵活安置一些仓库等,其分散度有较大的自由性。

在运输方式选择上,制造企业主要选择铁路或海运,因为这类企业的原料和商品都是大批量的长途运输为主,这样可以节省运输费用,而且对时效性和直达性的要求一般都不高;流通企业则少量采用集装箱运输、主要采用送货车,但是各个企业的送货车会因其经营方向的不同而有差异,但其目的是为顾客最大限度地提供便利;第三方物流企业的运输比较多元化,根据其承接的工作不同可能采取公路、铁路、海运等多种运输方式,或者其中几种相结合的联合运输等,某些时候也需要"门到门"的运输。

一般情况下,制造企业相比流通企业和第三方物流对配送的要求较低,商品也比较单一,以满足原料输入和产品输出为原则;流通企业和第三方物流对配送有较高的要求,其配送中心的工作也比较复杂,流通企业的配送中心有时候还被当作销售中心,而第三方物流为了协调各种商品则需要使配送工作达到最优化,在配送时也考虑较多的其他因素以适应合约企业的要求。

总的来说,不管什么类型的企业,无论企业规模的大小,其运输决策的出发点都是为了为企业最大限度节支增收服务的,而运输决策也必将在企业运营中扮演着越来越重要的角色。

【行动锦囊】

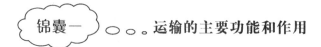运输的主要功能和作用

(1) 解决物品在产地与销地不一致的矛盾,将物品送到消费领域,最终实现物品的使用价值。

(2) 改变物品的地点与位置,而产生空间效用。

运输业务的种类和特点

(1) 铁路运输 铁路运输是使用铁路列车运输货物的一种方式,铁路运输主要承担长距

离、大数量的货运，在没有水运条件的地区，几乎所有大批量货物都是依靠铁路。铁路运输属于干线运输。

铁路运输的特点是运量大、速度快、运费较低、受自然环境干扰小，但投资成本大、机动性差，适合500公里以上的长途干线运输。

铁路的主要运输方式有整车、零担、行包快运等几种形式。

（2）公路运输　公路运输主要指使用汽车在公路上进行货物运输的一种方式。公路运输主要承担近距离、小批量的货运，水运、铁路难以到达地区的长途、大批量货运及铁路、水运难以发挥优势的短途运输。近年来，由于大量高速公路的开通，铁路运输的一再提价，使得公路运输与铁路运输直接发生激烈的竞争，长途运输中大量使用公路运输。

公路运输的特点是机动灵活，因地制宜，可以实行"门到门"运输，公路建设成本较铁路低，运输成本较铁路、水路高，运量小；适合用于中短距离的运输和铁路、水路的接驳运输。

公路也分整车和零担两种形式。

（3）水路运输　水路运输是指使用船舶在江河或海洋运送货物。水路运输主要承担长距离、大数量的运输，在干线运输中起重要作用。

水路运输的特点运价低、运量大、投资成本低，但易受自然条件影响、运输速度慢、港口装卸费用高。

水路的运输方式有以下几种。

内河运输，是指使用船舶在陆地的江、河、湖、川等水道进行运输的一种运输方式，主要使用中小型船舶。如，在长江、珠江上的水路运输。

沿海运输，是指使用船舶通过大陆附近沿海航道运送货物的一种运输方式，视航程一般使用中型或小型船舶，吨位一般在数百~数千吨之间。如广州到上海、海口、大连的航线等。

近海运输，是指使用船舶通过大陆邻近的国家海上航道运输货物的一种运输方式，通常使用数千~万吨的大型船舶。如我国到日本、东南亚各国的航线。

远洋运输，是指使用船舶跨大洋的长途运输形式，主要使用万吨级~数十万吨级的大型、超大型船舶。如中国至欧洲、美国的航线。

（4）航空运输　航空运输是指使用飞机或其他航空器进行货物运输的一种运输形式。

这种运输方式的特点是运输速度最快，安全可靠，不受地形限制，但运价最高，受气候影响较大。主要用于贵重物品及急需物质的运输。

航空运输主要有包机与零担运输两种形式。

（5）管道运输　管道运输是利用封闭的管道运输气体、液体和粉状固体的一种运输方式。其运输形式是靠物体在管道中顺着压力方向移动实现的。和其他运输方式相比较，其根本的区别就是作为运输工具的管道是静止不动的。管道运输是近几十年来发展起来的一种先进运输方式。

管道运输的特点是运输是连续的、运输成本低、安全性能好、损耗小、效率高、受自然条件影响小，但运输的物品单一、早期投资大。

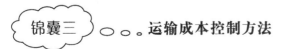运输成本控制方法

（1）合理选择运输工具。

(2) 自有运输工具与外部资源结合。
(3) 优化集货点布局。
(4) 开展集运方式。
(5) 增加直达运输比例。
(6) 减少各种各样的不合理运输。

 各种行业对运输服务提出的要求不同

如：香烟、海鲜、水果、活禽、鲜花、粮食、钢铁、汽车、危化品、煤炭（矿砂等）。

【行动评价】

"运输业务是什么"技能训练任务评价表

小 组		成 员				
	项 目	分值/分	自我评价(30%)	他组评价(40%)	教师评价(30%)	合计(100%)
考评标准	积极参与	30				
	分析全面正确	20				
	沟通能力	30				
	团队的合作精神	20				
	合 计	100				

【行动加固】

(1) 经过以上训练，重新陈述你对运输业务的理解。
(2) 书面作业：通过社会调查或网上查找相关资料，列举你所熟悉的一家运输型物流公司，并介绍它的核心业务。

技能训练任务三 客户服务是什么

【行动目标】

顾客服务简称客服，它有广义及狭义两层含义，广义上讲，第三方物流公司为自己客户提供的所有服务都是客服，从接受顾客订单开始到商品送到顾客手中之后的所有服务活动。狭义上则指对客户投诉及查询的处理，客户资料库的管理归类，定期拜访客户，稳定与客户的合作关系。

通过本行动的学习和训练，我们将能够了解以下几个方面。
(1) 客户服务的定义和主要作用。
(2) 客户服务的主要工作。
(3) 客户服务的主要衡量标准。

【行动准备】

(1) 多媒体教学系统（课件）。

(2) 图像和文本案例资料。
(3) 上网或利用其他工具查找相关理论知识。

【行动过程】

第一步骤：教师下达任务书。

第二步骤：阅读案例资料，学生分4组讨论。

第三步骤：小组派成员出来陈述本组的讨论分析结果。

第四步骤：教师对学生的行为进行点评和对案例内容进行讲解和总结，然后引出相关的行动锦囊。

任务书

(1) 全班分4组角色模拟（分别表演合同管理、客户日常维护、理赔处理、客户满意度调查表设计）。

(2) 阅读"防护不当造成项目客户＊＊＊＊轮胎污染严重的理赔"案例资料，分组讨论分析：

① 你认为客服人员在日常工作中，应该怎样维护公司的重点客户？

② 你认为优秀的客服人员应该具备哪些素质？

③ 你认为客服人员在合同履行和货损理赔中，应该协助完成哪些工作？

某公司对客户货物在运输中受污染的案例处理分析

防护不当造成项目客户＊＊＊＊轮胎污染严重的理赔案例

一、案件情况介绍

哈重0616-5829572 轮胎1380条6月30日到达时污染212条，哈重0704-5829567 轮胎1430条7月15日到达时污染180条，哈重0731-3840774 轮胎880条8月8日到达时污染128条。发货人为"＊＊（中国）有限公司"，收货人为"＊＊轮胎（中国）投资有限公司重庆分公司"。由于北京公司中转环节操作，被泄漏的不明物品污染，到达重庆后擦洗不掉，顾客拒收退回到重庆公司库存。明细见表4-1。

表4-1 污染货品明细表

序 号	货物运单	实物件数	污染件数	发货时间	经由站	到站时间
1	0005829572	1380	212	2009-6-16	北京	2009-06-30
2	0005829567	1430	180	2009-7-4	石家庄	2009-07-15
3	0003840774	880	128	2009-7-31	北京	2009-08-08

经排查上述三起货运事故，均是轮胎在到达重庆前中转过程中已经被钛白粉所污染。

另查发生污染事故期间到达北京基地的货物情况，从6月中旬～8月初到达北京基地的钛白粉有26票，件数36280件，重量为1070吨；同期到达石家庄基地钛白粉有14票16800件，重量420吨。由于钛白粉分子较小，在搬运过程易产生大量粉尘并且向四周扩散，具有很强的吸附渗透性不易清洁，用清水无法清除干净。当初货物哈重0616-5829572、哈重0704-5829567、哈重0731-3840774到站后找不合适的清洗剂。重庆用清水擦洗送到客户处后，客户以轮胎外表污染拒收。

二、案情分析

1. 案件过程

6月30哈重0616-5829572货物发生污染事故后，哈尔滨公司市场营销部张经理接到顾客投诉立即告知北京公司、重庆公司排查污染原因，并上报集团客服部。北京公司基地在后期的装车时也铺垫了薄膜，但是一直均未找到污染源，事故未得到控制，后期又出现了7月10日和8月8日两起。运作管理部刘经理在重庆出差期间，现场检查时发现北京至重庆的车皮内有白色的物体，轮胎上也有粉尘，为了搞清原因又排查了系统内成都发送北京货物和北京到达重庆货物及到达重庆车号就是成都发往北京的车皮号，发现成都所装钛白粉的车皮就是北京发往重庆车皮。

2. 存在的问题

（1）北京、石家庄公司对污染源现场未清洁彻底，货场有大量钛白粉遗漏粉尘是导致轮胎被污染的直接原因。

（2）管理人员对于轮胎运输的操作流程不熟悉，对员工培训不细致。

（3）集团下属多个分公司的货场清洁和货物保护措施不到位，管理人员责任心不足。

3. 处理问题的交流协商过程

（1）哈尔滨公司市场营销部张三接到客户投诉后，向客户诚恳道歉并承诺迅速查办，并立即告知北京公司、重庆公司排查污染原因。

（2）哈尔滨公司市场营销部张三及时向保险公司报案，并迅速展开理赔前的资料整理。

（3）集团客服部立即组织北京和重庆公司拍摄污染货物和作业现场，准备图片资料，指导和跟进哈尔滨公司的理赔工作。同时指导重庆公司与收货方客户领导协调，探讨"因为拒收轮胎带来双方巨大损失"的减少办法，最大限度清洗整理可以再次签收的轮胎。

（4）向客户承诺将杜绝污染货物事件的再发生，并介绍我们的改进办法。

三、对集团内部人员的处理意见

根据以上调查事实，对此三起污染事故先期作出责任追究如下：三宗污染事故还没有正式赔付，预计损失在10万元左右（以实际损失为准），待损失出来后再对事故的责任公司进行责任划分。

四、强调事宜

责令北京公司、石家庄公司根据轮胎操作流程和特性，在今后的实际运作过程中的问题写一个详细的预防措施，上交集团运作管理部。

（1）今后在操作中一旦被钛白粉污染，正确的解决方法是：先用清水擦洗货物的表面粉尘，再用60度的白酒或酒精对污迹反复擦洗。

（2）各公司必须严格执行营运手册相关规定规范操作，始发站控制污染源，目的站卸车后对可能的污染源进行彻底的清除，对装车前的检查工作一定要做到位。并加强操作团队的宣传和培训工作。

【行动锦囊】

锦囊一　客户服务的主要功能和作用

客服的作用就是通过客服人员的工作，能不断争取到新的客户，留住已有的客户，尽量为客户提供令人满意的售前、售中和售后服务。客服工作是物流公司最重要的工作之一，直接影响到物流公司所提供的服务质量。

对物流企业而言，客户服务是一个以成本有效性方式为供应链提供增殖利益的过程。客户服务水平的高低，决定了具有相同生产研发能力的企业为顾客提高个性化服务的水平。但是，客户服务作为经营活动中的一项支柱性的活动，必须严格考评其为企业创造的效益（经济效益、社会效益）。有研究表明，流失的客户减少5%，利润可以增加50%；由一般客户产生的利润，通常在供应商-客户关系开始的四或五年中每一年都会增加，即客户流失率减小一半，利润会翻倍。而国内现阶段的物流企业多是从事运输、仓储等初级第三方物流业务的企业，他们的主要业务就是为客户提供高质、满意的服务，如何来提高客户服务水平？如何把握客户服务成本与经济利益之间交叉损益的平衡关系？如何判定自己企业现阶段的客户服务水平是否已经"合适"？成为我们必须思考的问题。另外，许多大型商贸流通企业为了支持自身的经营活动，纷纷组建自有的物流服务体系（如国美向消费者发放"彩虹卡"，海尔集团的"海尔之家俱乐部"）。

锦囊二　客户服务的主要工作

（1）受理客户的业务咨询，尽量给予客服满意的答复。

（2）受理客户的投诉与理赔，对客户的投诉进行分类，合理的投诉尽量给予客户满意的答复和理赔，对不合理的投诉要做好解释工作。

（3）受理客户的查询，物流公司的服务对象为了及时了解货物的动态，常常需通过客服部门了解各批次货物的在途情况，客服人员对这些查询应及时给予准确的答复。

（4）统计客户资料，根据统计资料对客户进行A、B、C分析，重点保持与A、B类客户的联系，了解他们业务动态。

（5）做好客户满意度和投诉率的调查统计工作，协助领导改进本公司的服务工作。

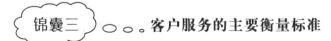

锦囊三　客户服务的主要衡量标准

（1）档案完善率≥95%。

（2）人工客户服务支持数据库持续补充、完善、确保可用性，各分公司月均差错数≤5次。

（3）重点客户流失率≤0。

（4）个人差错≤2。

（5）个人有效投诉＝0。

【行动评价】

"客户服务是什么"技能训练任务评价表

小组		成员				
考评标准	项目	分值/分	自我评价(30%)	他组评价(40%)	教师评价(30%)	合计(100%)
	积极参与	30				
	分析全面正确	20				
	沟通能力	30				
	团队的合作精神	20				
	合计	100				

【行动加固】

（1）经过以上训练，重新陈述你对客户服务的理解。

（2）通过社会调查或网上查找相关资料，收集"客户服务礼仪"、语言表达技巧等资料。

（3）请设计一份本组（公司）的"客户满意度调查表"。

技能训练任务四　国际货代和通关是什么

【行动目标】

国际货代又称国际货运代理，是指接受进出口货物收货人、发货人的委托，以委托人或自己的名义，为委托人办理国际货物运输及相关业务，并收取劳务报酬的经济组织。通关又称报关，是由进出口货物的收发货人或其代理人向海关办理进出境手续的全过程。

介于托运方与承运方之间的第三者就是货运代理，简称货代。他们一方面为承运方组织货源，另一方面又可以为托运方办理预定船期、报关和商检手续。

通过本行动的学习和训练，我们将能够了解以下几个方面。

（1）国际货代和通关的定义。

（2）国际货代的主要作用和业务内容。

（3）国际货代的主要单证和操作流程。

【行动准备】

（1）多媒体教学系统（课件）。

（2）图像和文本案例资料。

（3）上网或利用其他工具查找相关理论知识。

【行动过程】

第一步骤：教师下达任务书。

第二步骤：阅读案例资料，学生分4组讨论。

第三步骤：小组派成员出来陈述本组的讨论分析结果。

第四步骤：教师对学生的行为进行点评和对知识内容进行总结，然后引出相关的行动锦囊。

任务书

(1) 全班分 4 组。

(2) 阅读"抓住机遇,推动国际货代公司向第三方物流发展"案例资料,分组讨论分析。

① 分析中小型国际货运代理企业向物流企业转型的必要性、路径和方法。

② 广州南沙港的投入使用,将对珠三角的航运市场带来哪些机遇和挑战。

案例资料:抓住机遇,推动国际货代公司向第三方物流发展

一、国内外货代市场发展的现状

1. 从中国市场宏观状况分析

自 20 世纪 70 年代末实行改革开放政策以来,中国的航运市场也日益开放。到 2000 年,中国正面临着一项将对中国未来几十年的发展起着至关重要作用的工程:入世。入世对中国是机遇,同时也是巨大的挑战。在这个背景下,外资船公司所看重的一方面是中国在入世后更为广阔的市场,贸易的增长必将带动航运的发展;另一方面,外资船公司看重的就是与自身利益密切相关的航运政策的日益开放。中国的航运市场开放经历了这样一个过程:20 世纪 80 年代,外资航运公司被批准在中国设立办事处;1996 年允许外资航运公司在其航线直挂的港口城市成立其中国公司,直接开展航运业务。但是在很长一段时间内,都不允许外商在中国投资国际货运代理业。但是入世以后,这一政策必将放开。

2001 年 11 月 10 日中国正式加入世贸组织,根据入世承诺,中国将在 2005 年全面放开货运代理业,一些尚未进入中国的跨国国际货代企业将会在政策全面放开后全面进入中国市场。针对这一承诺,中国政府对货代也采取逐步放开的政策。

2. 外资航运公司在中国的营运状况分析

自 20 世纪 80 年代马士基公司经交通部批准率先在上海成立第一家外资航运公司驻沪办事处以来,外资航运公司先后纷纷在中国沿海的港口城市和内地主要城市成立了办事处。随着中国航运市场的进一步开放,1996 年后交通部允许外资航运公司在其航线直挂的港口城市成立其中国公司。这样,外资航运公司可以自己揽货,与客户签合同,缮制有关单证,签发母公司的提单,为母公司收取运费。这就为竞争中的中国航运市场注入了新的活力,为中国的进出口贸易商提供了更多的选择机会。外资航运公司进入中国航运市场,给中国客户带来了"以人为本,顾客至上"的全新服务理念,打破了长期以来船东、船代理朝南坐的局面。据不完全统计,外资航运公司在上海的货运量在逐年增长。

1998 年占上海港吞吐量的 45%,1999 年占 46%,2000 年占 46.5%,2001 年 1~9 月占 47%。外资船公司在中国市场份额的逐年增加充分体现了外资船公司由于发展得比较成熟,在中国市场具有相当的竞争力。同时也说明了中国航运市场对外资船公司的依赖程度在逐渐增加,一旦外资船公司突然集体做出某一反映,将产生较大的影响力,在市场特征日益明显的今天,政府的政策干预力度将越来越小。

3. 从货代市场状况分析

货代是处于货主和船公司之间的中介，提供揽货和定舱、报关等操作服务。他们一方面向货主收取代理费，另一方面向船公司收取佣金。尽管国外货代没有收取佣金的习惯，但在我国，船东向货代支付佣金有法可依。根据外经贸部、交通部的相关规定：船东对组织货载、洽定舱位的货代企业应按规定给付定舱手续费。船公司支付报酬应维持合理的价格水平，不应对货代企业造成损害。因此，在这种政策的保护下，加上中国持续快速的外贸增长，货代的数量迅速增长。虽然中国的外贸增长很快，但远远跟不上货代企业的增长速度，以至出现了目前货代行业粥少僧多的局面。从 2000 年至今，中国的货代企业每天增加 4 个，2 年来增加了 2000 多个。

正因为如此，货代协会的影响力也随之发生了改变。在 2000 年的时候，上海货代协会拥有企业会员 230 家，占申城国际货代企业总数的 83％。因此货代协会的影响力是相当大的，当时一旦货代都按货代协会的要求，采取不合作运动，则外资船公司必然无法立足。

但是随着货代数量，尤其是非货代协会管辖的货代数量的增加，2002 年的中国货代市场是"鱼龙混杂"，基本有 3 种力量起作用：3700 家正规货代企业，15000 家没有正式注册的非法货代企业，以及国外货代企业驻中国的办事处。国际货代协会能够统辖的是合法的 3700 多家货代企业，却不能控制其他的货代企业，一旦外资船公司遭受抵制，把业务转向其他货代，抵制就失去了效用。此时货代行业乱，企业散。

发展国外大客户，做 FOB 货。中国入世以后这些国外知名公司都将进入中国市场，与中国的贸易往来将不断增长。与这些公司建立良好的合作伙伴关系就等于抓住了潜在市场。另外很重要的一个原因，做 FOB 货是由买方指定船东和货代，这样就可以不通过国内的货代，主动性就强了。另外，外资船公司料定中国入世以后将放开货代市场，这样主动权就完全掌握在自己手里了。

二、中国入世，抓住机遇发展第三方物流

2001 年 11 月，中国正式成为世贸组织成员，中国货代市场逐步全面放开。外资船公司紧紧抓住这次机遇。在获准进入中国市场后，纷纷大力在中国发展第三方物流。

随着全球化的发展，大部分企业已不满足点到点的运输服务，而是要求桌到桌的服务。外资公司拥有强大的资金优势、先进的技术和管理经验、遍布世界各地的网络。他们一直等待着政策的开放。马士基物流进入中国后，首先在上海开设占地 17000 平方米、拥有先进的资讯科技系统，可为顾客提供专业的供应链管理服务的独资配送中心。目前马士基在中国已设 11 家分公司、6 个办事处。公司最主要目标，是在中国建立一个全面的配送网络，覆盖内陆及国际顾客。当前外资船公司大多已在中国开展第三方物流服务，这对传统的货代企业形成强有力的挑战。

传统货代的货代行业本身也缺乏市场竞争力。主要体现在以下几个方面。

（1）服务方式单一。我国多数货代企业服务范围局限于提供揽货、订舱、报关、报检等劳务，只停留在代理概念上，不具备独立的增值服务能力，对客户的吸引力非常有限。

（2）缺乏核心能力。货运代理属于服务贸易的一种，基本上不存在行业壁垒，很多货代以纯粹的皮包公司的形式存在，服务缺乏特色，一直没有形成自身的核心优势，很难承受替代产品的竞争。

因此，外资船公司抓住机遇大力发展第三方物流，目的就是为今后在中国的货代市场占据一席之地，获取新的利润空间，以弥补在运输方面的薄利或亏损。

三、收取THC，变相降低佣金，展开间接进攻

2002年初，中国入世不久，以马士基为首的外资船公司突然单方面提出要收取THC。THC即Terminal handling charges的缩写，意为码头作业费。早在入世前，外资班轮公司就该项费用的收取与中国货主协会开始了交战，一直未果。2002年1月15日起，某些外资船公司单方面开始收取该项费用。

外资船公司此举增加了外贸企业的成本，同时也是变相降低了货代企业的佣金。因为这笔费用是由货主企业支付的。但是他又不是运费，而支付给货代的佣金是按运费比例计算的。所以事实上是变相降低了支付给货代的佣金。

思考：采用SWOT分析法，分析中小型国际货运代理企业向物流企业转型的必要性、路径和方法。

【行动锦囊】

锦囊一　国际货代的主要作用

（1）能够安全、迅速、准确、节省、方便的组织进出口货物运输，根据委托人托运货物的具体情况，选择合适的运输方式、运输工具，最佳的运输路线和运输方案。

（2）能够就运费、包装、单证、接关、检查检验、金融、领事要求等提供咨询，并对国外市场的价格、销售情况提供信息和建议。

（3）能够提供优质服务。为委托人办理国际运输中某一环节的业务或全程各个环节的业务，手续简便。

（4）能够把小批量的货物集中组货进行运输，既方便了货主，也方便了承运人，货主因而能得到优惠的运价而节省了运输费用，承运人接受货物时省时、省力，便于货物的装载。

（5）能够掌握货物全程的运输信息，使用现代化的通讯设备随时向委托人报告货物在途的运输情况。

（6）货运代理不仅能组织协调运输，而且影响到新运输方式的创造、新运输路线的开发以及新费率的制定。

锦囊二　国际货代业务描述

物流国际代理管理业务指国外代理公司在物流进出口业务上需要运作的基本业务流程。主要包括建立合同、出口业务管理、进口业务管理和业务查询。

（1）建立合同　合同可以现场手工建立或者由国内经营公司的国际业务部建立后传送到国外代理公司，采取自动导入方式建立。

（2）出口业务管理　国外代理公司在物流出口业务上需要运作的基本业务流程有：出口建档、订舱业务、商检业务、报关业务、运输提单和交单结汇。逐一操作基本业务，完成整个流程，表示国外代理公司在物流出口业务上完成了需要运作的基本业务流程。

(3) 进口业务管理 国外代理公司在物流进口业务上需要运作的基本业务流程有:进口建档、提取单证、换提货单、报关业务、提货业务和送货业务。逐一操作基本业务,完成整个流程,表示国外代理公司在物流进口业务上完成了需要运作的基本业务流程。

(4) 业务查询 进出口业务从合同建档到整个流程运作中,可以通过业务查询了解该合同进展的状态和档案信息。

锦囊三 国际货代的主要单证和操作流程(表4-2)

表4-2 国际货代的主要单证和操作流程

序号	步骤编号	步骤名称	单证名称	角色	接收角色	操作名称	状态
1	1	建立货代关系	国际货运委托书	托运人	货代(出口)	填写	开始
2	2	订舱	订舱单	货代(出口)	船代(出口)	订舱	未开始
3	3	填写配舱回单	配舱回单	船代(出口)	货代(出口)	填写并发送	未开始
4	4	申请用箱		货代(出口)	船代(出口)	申请	未开始
5	5	发送集装箱发放单	集装箱发放单	船代(出口)	货代(出口)	发送	未开始
6	6	装箱		托运人	托运人	分支流程	未开始
7	7	通知货物待装		码头	货代(出口)	通知	未开始
8	8	审核报检委托书	报检委托书	货代(出口)	商检局	报检	未开始
9	8	审核报检单	出境报检单	货代(出口)	商检局	审核	未开始
10	8	审核合同	货运合同	货代(出口)	商检局	审核	未开始
11	8	审核商业发票	商业发票	货代(出口)	商检局	审核	未开始
12	8	审核装箱单	装箱单	货代(出口)	商检局	审核	未开始
13	9	签发通关单	通关单	商检局	货代(出口)	签发	未开始
14	10	审核通关单	通关单	货代(出口)	海关	报关	未开始
15	10	审核报关单	出口货物报关单	货代(出口)	海关	审核	未开始
16	10	审核合同	货运合同	货代(出口)	海关	审核	未开始
17	10	审核商业发票	商业发票	货代(出口)	海关	审核	未开始
18	10	审核装箱单	装箱单	货代(出口)	海关	审核	未开始
19	10	审核场站收据	场站收据	货代(出口)	海关	审核	未开始
20	11	签发报关单	出口货物报关单	海关	货代(出口)	签章	未开始
21	12	现场配载		货代(出口)	码头	配载	未开始
22	13	制订装船计划	装船计划	码头	船公司	制订	未开始
23	14	确认装船计划	装船计划	船公司	码头	确认	未开始
24	15	装船		码头	船公司	装船	未开始
25	16	签发场站收据	场站收据	码头	货代(出口)	签发	未开始
26	17	填写装船通知	装船通知	货代(出口)	货代(进口)	填写并发送	未开始
27	18	发送场站收据	场站收据	货代(出口)	船代(出口)	发送	未开始
28	18	填写海运提单	海运提单	货代(出口)	船代(出口)	填写并发送	未开始
29	18	付清费用		货代(出口)	船代(出口)	付费	未开始
30	19	留下场站收据,签发提单	海运提单	船代(出口)	货代(出口)	签发	未开始
31	20	寄送全套单据		货代(出口)	货代(进口)	寄送	未开始

思考以下2点。

(1) 广州南沙港的投入使用,将对珠三角的航运市场带来哪些机遇和挑战。

(2) 同学们应提高专业技能,关注报关员和报检员的资格证考试。

【行动评价】

"国际货代和通关是什么"技能训练任务评价表

小 组		成 员				
考评标准	项 目	分值/分	自我评价(30%)	他组评价(40%)	教师评价(30%)	合计(100%)
	积极参与	30				
	分析全面正确	20				
	沟通能力	30				
	团队的合作精神	20				
合 计		100				

【行动加固】

(1) 经过以上训练,重新陈述你对国际货代和通关的理解。

(2) 通过社会调查或网上查找相关资料,列举你所熟悉的一家国际货代型物流公司,并介绍它的核心业务。

技能训练任务五 物流信息是什么

【行动目标】

物流信息是指反映物流各种活动内容的知识、资料、图像、数据、文件的总称,是伴随物流活动在各个环节的开展而产生的。与物流过程中的运输、保管、装卸、搬运、包装、配送等功能有机结合在一起。

通过本行动的学习和训练,我们将能够了解以下几点。

(1) 了解物流信息的主要功能及作用。

(2) 了解物流信息的种类。

(3) 了解国际物流信息技术及功能。

【行动准备】

(1) 多媒体教学系统(课件)。

(2) 图像和文本案例资料。

(3) 上网或利用其他工具查找相关理论知识。

【行动过程】

第一步骤:教师下达任务书。

第二步骤:阅读案例资料,学生分4组讨论。

第三步骤:小组派成员出来陈述本组的讨论分析结果。

第四步骤:教师对学生的行为进行点评和对案例内容进行讲解和总结,然后引出相关的行动锦囊。

任务书

（1）全班分4组。

（2）阅读"中海物流信息化循序渐进"和"亚马逊网上书店——EC领域中耀眼的明星"案例资料，分组讨论分析以下几个问题。

① 物流企业提升信息化管理应该注意什么？

② 试分析和总结 Amazon.com 网上书店成功的主要因素。

③ 联合包裹服务公司采用了什么技术？这些技术同联合包裹服务公司的经营战略是怎样联系的？

案例资料1　中海物流信息化循序渐进

中海物流1995年注册成立时，只是一家传统的仓储企业，其业务也仅仅是将仓库租出去，收取租金。此时物流管理系统的建设对公司的业务并没有决定性的影响。1996年，公司尝试着向配送业务转型，很快发现客户最为关心的并不是仓库和运输车辆的数量，而是了解其物流管理系统，关心的是能否及时了解整个物流服务过程，能否将所提供的信息与客户自身的信息系统实现对接。可以说，有无信息系统，是能否实现公司从传统物流向现代物流成功转型的关键。另外，公司在提供JIT配送业务过程中所涉及的文件已达上万种，没有信息系统的支撑，仅凭人工管理是根本无法实现的。因此，信息系统的实施成为中海物流业务运作的需要，是中海物流发展的必然选择。

中海物流信息系统的实施经历了三个阶段。第一个阶段为1996～1997年实施的电子配送程序，以实现配送电子化为目标，功能比较单一；第二阶段为1998～1999年实施的C/S结构的物流管理系统，实现了公司仓储、运输、配送等物流业务的网络化；第三阶段始于2000年，以基于Internet结构的物流电子商务化为目标，开发出了目前正在运行的中海物流管理信息系统，并专门成立了中海资讯科技公司进行该系统的商品化工作。

中海物流管理系统的总体结构由物流管理系统、物流作业系统、物流电子商务系统和客户服务系统4个部分组成。物流管理系统主要应用于物流公司的各个职能部门，实现对办公、人事、财务、合同、客户关系、统计分析等的管理；物流作业系统应用于物流操作层，主要功能有仓储、运输、货代、配送、报关等；电子商务系统使客户通过Internet实现网上数据的实时查询和网上下单；客户服务系统为客户提供优质的服务。

中海物流管理系统运行在Internet/Extranet/Intranet结构的网络系统上。整个网络系统分为外网、内网和中网。与国内外的众多物流软件产品相比，中海物流管理信息系统具有以下特点：集成化设计、流程化管理、组件式开发、数据库重构、跨平台运行、多币种结算、多语言查询、多技术集成（如条形码技术、GIS技术、GPS技术、动态规划技术、RF技术、自动补货技术、电子商务技术等）、多种方式的数据安全控制（身份识别、权限控制、数据库操作权限控制、建立在Java安全体系结构上的加密技术、认证和授权技术以及SSL技术）。

通过信息化的实施，中海物流在管理、业务范围、经营规模、服务能力、服务效率、经济效益等各方面均发生了巨大的变化，目前信息系统已成为中海物流的核心竞争力，对公司物流业务的发展起着支柱作用。

思考：本案例中海的经验对你有哪些启发？物流企业提升信息化管理应该注意什么？

案例资料2　亚马逊网上书店——EC领域中耀眼的明星

　　1994年，当很多人还没有认识到互联网（Internet）的潜力与前景时，一个年轻的、名不见经传的财务分析师兼基金管理员杰夫·贝佐斯（Jeff Bezos）迷上了迅速发展的Internet，他列出了20种将来可能在Internet上畅销的产品，通过认真分析和调研，最后，他选择了图书。5年后的1999年，杰夫·贝佐斯创办的亚马逊网上书店（Amazon.com）的年销售额超过了6亿美元。杰夫·贝佐斯以前并没有图书销售行业的经验，但他知道图书是一种低价商品，易于运输，属于非先验性商品。所以，如果促销有力，就能激发顾客购买图书的欲望。另外，全世界每时每刻都有400多万种图书在印刷，其中100多万种是英文图书。另一方面，即使是最大的书店也难以库存20万种以上的图书。从这里，杰夫·贝佐斯发现了图书在线（on-line）销售的战略机会。

　　杰夫·贝佐斯还发现，图书市场上有很多图书出版商，但没有一家可以垄断市场。这样一来，就没有图书出版商能真正制约亚马逊网上书店图书供应，或者作为竞争者进入图书在线销售市场。杰夫·贝佐斯将公司设在了西雅图，因为这里有计算机技术人员，还具有全球最大的图书分销中心和配送中心。在经营过程中，杰夫·贝佐斯鼓励读者把自己的书评发给网站，并将这些评论和图书的出版商信息一起发布，读者的书评就像街边书店里店员的推荐和建议。虽然杰夫·贝佐斯发现了Internet具有送达小的、高度集中的细分市场的巨大力量，但同时他亦明白网上书店不可能满足所有顾客的所有需求。为此，他编制了一套销售辅助应用程序，把其他网站按不同的主体进行划分，这些网站可以和亚马逊网上书店建立链接，作为回报，亚马逊网上书店将销售额的一定百分比交付给这些网站。

　　亚马逊网上书店在成长过程中，总是在不断地寻找新的战略机会。1998年，亚马逊网上书店开始销售CD唱片和录像带。其网站软件可以追踪顾客的购货记录，并向客户推荐相关书籍。此外，顾客还可以要求亚马逊网上书店在某一作者出版新书时通知自己。

　　由于不断关注和改进图书的进货、促销、销售和配送等业务环节，杰夫·贝佐斯亚马逊网上书店成为电子商务领域中一颗耀眼的明星。

案例分析问题：

（1）杰夫·贝佐斯是如何发现图书在线销售机会的？

（2）试分析和总结Amazon.com网上书店成功的主要因素。

（3）Amazon.com网站的盈利基础和电子商务模式各是什么？

（4）从电子商务管理角度看，Amazon.com网上书店的经营和管理特色有哪些？

（5）Amazon.com的优势有哪些？劣势又有哪些？

【行动锦囊】

锦囊一　物流信息的主要功能和作用

　　(1) 协调物流活动　整个物流业务过程是一个多环节的复杂系统，各个部门之间通过物品的实体流动联系在一起，各部门之间的沟通、协调则是靠物流信息来实现的。

（2）支持物流活动　物流信息对所有物流活动起一种支持作用，没有物流信息的支持，物流设备再先进也无法正常运转起来。

（3）提供决策依据　对于涉及面广泛、结构复杂和影响因素较多物流公司来说，管理层若要作出争取的决策，拥有正确、及时的信息是不可缺少的。

（4）进行物流控制　物流业务在实施过程中，由于企业内部的环境发生变化，或由于原来的实施计划存在一些不完善的地方，物流企业就必须对正在实施的业务活动进行调整、控制，而调整、控制的依据也是来源与正确、及时的物流信息。

（5）提供经济效益　时间是金钱，信息是生命。准确、及时、广泛的物流信息可以为物流企业带来大量的商机，降低企业物流成本，拓展客户，从而提高企业经济效益。

物流信息的特点

1. 信息量大

物流信息是随着物流活动商流活动的展开而大量产生的，多品种少批量生产和多频度小数量配送使库存、运输等物流活动的信息大量增加。

2. 更新快

多品种少量生产、多频度小数量配送，使得商流作业活动频繁发生，从而要求物流信息不断更新，而且更新的速度愈来愈快。

3. 来源多样性

物流信息不仅包括企业内部物流信息，而且还包括企业间的物流信息和与物流活动有关的基础设施的信息。包括客户的有关经营信息，也包括竞争对象的有关信息。

国际物流信息技术与应用

全球范围内的三大变化改变了企业的经营环境，即经济全球化的出现和不断发展，产业经济向基于知识、基于信息的服务型经济的转变以及企业自身的变化。这些变化给企业及其管理带来了多方面的挑战。

所有的信息系统都使用五种资源：人力资源、硬件资源、软件资源、网络资源和数据资源。

信息系统的人力资源包括两种人：最终用户——信息系统的使用者；信息系统专业人员——信息系统的建造者和维护者。

信息系统的硬件资源则是指所有的机器和设备。

信息系统软件资源则包括各种软件（程序），从操作系统、数据库管理系统到小的实用工具。

数据资源则是需要存储起来准备以后使用的数据以及知识等。

网络资源则包括通信介质和网络等。信息系统的处理活动则包括信息的收集、输出、存储、传输和处理。

【行动评价】

"物流信息是什么"技能训练任务评价表

小　　组		成　　员				
	项　　目	分值/分	自我评价(30%)	他组评价(40%)	教师评价(30%)	合计(100%)
考评标准	积极参与	30				
	分析全面正确	20				
	沟通能力	30				
	团队的合作精神	20				
	合　　计	100				

【行动加固】

（1）经过以上训练，重新陈述你对物流信息管理的理解。

（2）通过社会调查或网上查找相关资料，列举一家信息管理领先的物流公司，并介绍它目前选用的物流信息技术。

技能训练任务六　物流辅助功能

【行动目标】

现代物流是一门应用性学科，通过本行动的学习和训练，我们将能够掌握仓储管理和运输配送的相应技能训练。仓储是根据给定的货物，分析货物的性质，选择合适的仓库，计算仓容。运输是根据给定的货物和目的地，合理选择运输工具和路线。

【行动准备】

（1）多媒体教学系统（课件）。

（2）图像和文本案例资料。

（3）上网或利用其他工具查找相关理论知识。

【行动过程】

第一步骤：教师下达任务书。

第二步骤：阅读案例资料，学生分4组讨论。

第三步骤：小组派成员出来陈述本组的讨论分析结果。

第四步骤：教师对学生的行为进行点评和对案例内容进行讲解和总结，然后引出相关的行动锦囊。

任务书

任务一

（1）全班分4组。

（2）阅读"长虹物流的仓储管理经验"案例资料，分组讨论分析。

① 你认为仓储物流企业应该怎样运用现代科技手段，提高效率和效益？

② 计算和练习题。

任务二

(1) 全班分 4 组。

(2) 阅读"运输线路设计"案例资料，分组讨论分析。

① 对于李宁项目，请选择你认为比较合理的一个运输工具和路线（介绍成本和费用构成、运输时间、气候条件等）。

② 如果由你负责学生行李项目，你准备在广州哪几个地点设临时营业点？如果分公司有 10 辆配送车，由广州市送达广东省各地市，假如各地市运输量均衡，计划怎样设计线路并分配车辆？你的理由是什么？

案例资料1　仓储管理与计算

一、长虹物流的仓储管理经验

家电市场是中国竞争最为激烈的市场。中国家电业处境艰难，而向流通要利润是中国家电业亟须攻克的堡垒，也是现阶段家电业最大的利润增长点之一，仓储管理是供应链管理的核心环节。传统的仓储管理依赖纸张和手工记录，严重影响了企业的决策速度和市场竞争力，随着无线技术的发展，基于无线计算机通讯网络的解决方案开始为越来越多的制造企业所关注。无线网络通讯技术在解决操作人员流动性问题的同时，实现了数据的实时传输。结合无线技术的企业移动解决方案条形码，成为部分家电企业应对市场竞争的强有力武器。向流通要利润，电器行业的一个重要特点就是物品的贬值率特别高，物品存放在仓库一天要损失 5% 的利润。这对已经趋于"微利"的家电企业来说，无疑是制约企业发展的重要因素。

作为中国家电业"龙头"的长虹也不例外。以往长虹物流集成度不高，处理点分散，时效滞后，数据准确度不高，这些问题严重制约了公司的运营决策。长虹管理层认为，目前家电企业的竞争力不单纯体现在产品质量能否满足市场要求，更重要的是如何在市场需求的时候，如何生产和递交顾客满意的产品及服务。这就要求企业不仅要保证高节奏的生产，而且要实现最低库存下的仓储。由此，长虹提出了"物流是流动的仓库"的观点，用时间消灭空间，摒弃了以往"存货越多越好"的落后观念，全面提升速度观念。长虹在绵阳拥有 40 多个原材料库房，50 多个成品库房，200 多个销售库房。过去的仓库管理主要由手工完成，各种原材料通过手工录入。虽然应用了 ERP 系统，但有关原材料的各种仍记录在纸面上，存放地点完全依靠工人记忆，货品入库之后，所有数据都通过手工录入到电脑中。对于制造企业来说，仓库的每种原材料都有库存底线，库存过多影响成本，库存不够时需要及时订货，但是，纸笔方式具有一定的滞后性，因此，真正的库存与系统中的库存永远存在差距，无法达到实时，这导致总部无法做出及时和准确的决策。而且手工录入方式效率低，差错率高，在出库频率提高的情况下，问题更为严重。

为了解决上述问题，长虹决定应用条码技术以及无线解决方案。经过慎重选型，长虹选择了美国讯宝科技公司及其合作伙伴高立元公司共同提供的企业移动解决方案。该解决方案采用讯宝科技的条码技术，并以 SymbolMC3000 作为移动处理终端，配合无线网络部署，进行仓库数据的采集和管理。目前长虹主要利用 SymbolMC3000 对其电视机生产需要的原材料仓库以及 2000 多平方米的堆场进行管理，在入库、出库以及盘点环节的数据进行移动管理。

1. 入库操作

一个完整的入库操作包括收货、验收、上架等操作。长虹在全国有近 200 家供应商,根据供应商提供的条码对入库的原材料进行识别和分类。通过条形码进行标识,确保系统可以记录每个单体,进行单体跟踪。仓库收货员接到供应商的送货单之后,利用 SymbolMC3000 扫描即将入库的各种原材料的条码,并扫描送货单上的条码号,通过无线局域网络传送到仓库数据中心,在系统中检索出订单,实时查询该入库产品的订单状态,确认是否可以收货,提交给长虹的 ERP 系统。收货后,长虹的 ERP 系统会自动记录产品的验收状态,同时将订单发送到收货员的 SymbolMC3000 手持终端,并指导操作人员将该产品放置到系统指定的库位上。然后扫描库位条码,系统自动记录该物品存放库位并修改系统库存,记录该配件的入库时间。通过这些步骤,长虹的仓库管理人员可以在系统中追踪到每一个产品的库存状态,实现实时监控。

2. 出库操作

一个完整的出库操作包括下架、封装、发货等。通过使用无线网络,长虹的仓库管理人员可以在下架时实时查询待出库产品的库存状态,实现先进先出操作,为操作人员指定需发货的产品库位,并通过系统下发动作指令,实现路径优化。封装时系统自动记录包装内的货物清单并自动打印装箱单。发货时,系统自动记录发货的产品数量,并自动修改系统库存。通过这些步骤,长虹可以在系统中追踪到每个订单产品的发货情况,实现及时发货,提高服务效率和客户响应时间。仓库操作人员收到仓库数据中心的发货提示时,会查阅无线终端上的任务列表,并扫描发货单号和客户编码,扫描无误后确认发送,中心收到后关闭发货任务。

3. 盘点操作

长虹会定期对库存商品进行盘点。在未使用条码和无线技术之前,长虹的仓库操作人员清点完物品后,将盘点数量记录下来,将所有的盘点数据单提交给数据录入员输入电脑。由于数量清点和电脑录入工作都需要耗费大量的时间且又不能同时进行,因此往往会出现电脑录入员无事可做,然后忙到焦头烂额的情况;而仓库人员则是盘点时手忙脚乱,而后围在电脑录入员身边等待盘点结果。这样的场面,几乎每个月都要发生一次。实施了讯宝科技的企业移动解决方案后,长虹彻底杜绝了这种现象。仓库操作人员手持 SymbolMC3000 移动终端,直接在库位上扫描物品条码和库位,系统自动与数据库中记录进行比较,通过移动终端的显示屏幕将盘点结果返回给仓库人员。通过无线解决方案可以准确反映货物库存,实现精确管理。条形码结合无线技术的企业移动解决方案使长虹的库存管理取得非常明显的效果,为长虹降低了库存成本,大大提高了供应链效率。

更为重要的是,准确及时的库存,让长虹的管理层可以对市场变化及时做出调整,大大提高了长虹在家电市场的竞争力,具体体现在以下四个方面。

(1) 库存的准确性提高 无线手持移动终端或移动计算机与仓库数据中心实现了数据的实时双向传送后,保证了长虹原材料仓库和堆场中的货物从入库开始到产品出库结束的整个过程,各环节都处在数据中心的准确调度、使用、处理和监控之下,使得长虹库存的准确性达到100%，便于决策层做出准确的判断，提高长虹的市场竞争力。

（2）增加了有效库容，降低了企业成本　由于实现了实时数据交换，长虹仓库货物的流动速度提高，使得库位、货位的有效利用率随之提高。增加了长虹原材料仓库的有效库容，降低了产品的成本，提高了利润率。

（3）实现了无纸化操作，减少了人工误差　整个仓库都通过无线技术传递数据，从订单、入库单、调拨单、装箱清单、送货单等都实现了与仓库数据中心的双向交互、查询，大大减少了纸面单据，而采用SymbolMC3000手持移动终端进行条码扫描识别，让长虹在提高数据记录速度的同时减少了人员操作错误。

（4）提高了快速反应能力　现在长虹可以在第一时间掌握仓库的库存情况，这让长虹可以对复杂多变的家电市场迅速做出反应和调整。在仓库管理中应用讯宝科技的移动解决方案，进行现场数据采集和分析，使成品、物料及配送全部集成到公司的ERP等系统上，长虹基本形成了一体化的物流系统，实现无线网络的仓储管理，极大提升了长虹物流的整体水平。

思考题：从以上资料中，你认为仓储物流企业应该怎样运用现代科技手段，提高效率和效益？

二、仓储管理计算练习题

（1）某公司客户计划送来格兰仕WP800SL23光波炉120箱，规格为305mm×508mm×470mm；净重18kg，毛重20kg请问本批货物总的体积是多少？总的重量是多少？

（2）某客户有150台海尔全自动XQB45-10B型洗衣机，需配送中心第二天送货给某家电商场。洗衣机每箱净重29kg，毛重34kg，规格582mm×582mm×970mm。请问本批货物总的体积是多少？总的重量是多少？如果堆码存放不允许超过三层，估计需要占用多少仓库面积存放？

案例资料2　运输线路设计

一、李宁牌运动服装运输方案

李宁公司创建于1990年，10多年来，李宁公司由最初单一的运动服装发展到拥有运动服装、运动鞋、运动器材等多个产品系列的专业化体育用品公司。目前，"李宁"产品结构日趋完善，而且"李宁"在中国体育用品行业中已位居举足轻重的领先地位。某公司是李宁集团运动服装广东基地的运输商，主要负责顺德、三水、东莞等OEM生产基地的产品，向全国各地指定经销商的运输。

某公司在1月5日收到一个加急的运输任务，有350箱李宁牌运动服装，计划从广东三水生产基地运送到北京奥运村，时间要求5天内，即必须在春节前期到指定经销商。请设计成本最优运输方案，并说明理由。

已知：包装箱规格250mm×350mm×500mm；每箱重量25kg；共350箱。你可以选择的运输工具：公路、铁路、航空、多式联运等。不同运输工具市场价格的比较（上网查询近期广州到北京的行情价格、北京、广州市内短运价格）。

请选择你认为比较合理的一个运输工具和路线（介绍成本和费用构成、运输时间、气候条件等）。

二、＊＊公司广州市学生行李项目

某公司计划开展学生行李项目，特点是实效性较强，营销方式多变。学生行李项目计划提前2个月左右进行营销准备，即每年4月末5月初（以及10～11月左右）与校方沟通宣传，与校方建立为长期合作关系，为学生提供安全、经济、便捷的物流服务。学生行李项目营销通常有以下几种方式。

正式营销：与学生处、保卫科、勤工俭学部或者勤工俭学协会等联系，通过他们与学校商谈正式合作事项。校方同意某公司进驻，并提供宣传场地、横幅等（部分学校可能收取2000元每期的场地费）。

非正式营销：利用校内的学生会、小卖部等招聘兼职学生等，代收行李，统一代存、公司每天定时提货，每件行李给2～5元/件报酬。

校企合作营销：利用与该公司有校企招聘合作的校园，加大宣传力度，开展学生行李业务。

学术交流营销：利用与校方物流系或物流专业沟通、交流、讲座，借势为学校毕业生提供服务，拓展学生行李项目

（一）项目操作

1. 前期准备

做好现场托运前的准备工作，相关宣传人员和操作人员应提前两小时到达现场进行布置。现场负责组长要在现场进行动员工作，所有参与人员必须熟悉现场办公环境，高度重视在每个学校举行该活动对公司的影响；每个参与人员要有高度的责任心和使命感。

活动现场的布置，现场物品摆放整齐有序，使用后放回原位。

（1）摆放桌子、凳子等，桌子用统一台布进行装饰。

（2）指示牌三块：咨询处，收货处，办单处。

（3）电脑一台摆放在办单处、音响等。

（4）资料的摆放：彩页，小礼品（笔、小饰品），运单，受理单，名片，联系卡，宣传牌等。

（5）物品的整齐放置：操作工具、包装箱（公司提供统一包装箱）等。

2. 收货

（1）**咨询**　对于学生咨询，回答要通俗易懂，简要介绍公司，宣扬实力，突出本公司服务优势，针对性进行成本分析和对比价格分析，尽量做到清晰明了、自信热忱。

（2）**收货**　在接收学生行李时，指导学生准确填写货物运单；要查验行李是否有危险或违规品；合格后并加盖"学生行李"章。粘贴货签时，一定要粘贴牢固，编织袋类不容易粘贴牢固的，要用大头笔把运单号和收货人写在包装不容易刮磨的地方，避免分拣时串货。运单填写完毕后，要在专用本上记录单号、行李件数、吨位、体积等。

（3）**办单**　接到收货操作员填好的货运单时，按照定价办理单据，根据重量或者体积计算总费用，并提供合法票据，收取现金。款项一定要清点清楚，由专人保管。

备注：在办单、录单的时候，品名：学生行李。

3. 分拣

（1）发站　学生行李运回操作基地后，发运外线的统一按票分拣装载。发运自有载体按线路分别码放，避免串货或短少。

（2）到站　学生行李到达中转站和目的站后，到站公司要按票认真清点核实行李数量，及时分理。如有任何疑问及时与发站公司联系，避免串货、差货。

4. 提送货

（1）提货　提货司机要随身携带货物运单，并把运单号写在行李上。回到基地后，按票监卸到位，督促操作员及时粘贴货签，严把发送关。

（2）送货　送货司机要按票监装，仔细核对货物标签上运单号是否与实际运单号一致。如发现有异常，及时与现场操作员联系。行李送达客户时，司机再次核对货物的完好性。收货人有疑义时，司机一定要及时跟客服员联系，确保出现问题及时解决。

5. 跟踪

学生行李发运走后，发站客服人员要及时跟进，及时利用信息系统和电话跟踪学生行李运行、签收情况，如有异常，及时处理，确保万无一失。同时电话咨询收货人签收满意度。

注：具体细节请参照《＊＊＊＊操作手册3.0》。

（二）注意事项

（1）服务方式　根据公司现有网络，选择局部的"门到门"服务，其他区域暂做"门到站"客户自提。

（2）收货、分拣要求　粘贴货签一定要牢固，可用胶带缠绕行李固定货签，防止串货。外线发运行李的时候，最好通过兄弟公司分理。

（3）包装服务　公司可以提供纸箱包装服务，按规定计费。

附公司提供的纸箱规格及报价（表4-3）。

表4-3　纸箱规格及报价

包装材料	型　号	规格/cm	收费标准
纸箱	1号	52×47×46	10元/个
纸箱	2号	52×34×52	10元/个
纸箱	3号	60×35×35	10元/个
纸箱	4号	45×35×31	8元/个
纸箱	5号	44×31×25	8元/个
纸箱	6号	40×20×26	6元/个
纸箱	7号	30×25×22	6元/个
编织带		根据需要确定	8元/个
打包带			2元/件

（4）保险与理赔。

① 学生行李属于旧货，无法核实价值，保险公给予限额保险（单件贵重物品最高赔付不会超过3000元人民币，杂货单件最高赔付不会超过1000元人民币），按1%的保率收取

保费。

② 没有投保的，按集团相关理赔规定执行。

【行动锦囊】

物流仓储技能训练

仓储：根据给定的货物，分析货物的性质，选择合适的仓库，计算仓容。

接货、发货、分拣作业面积计算。

在作业量一定的情况下，作业效率越高，在单位时间内需要的作业面积也就越少。接货、发货、分拣作业的面积 S 都可以采用下式计算。

$$S=\frac{QT}{H}S'$$

式中，Q 为一个工作日。

(一) 常用的基础知识

1. 常见几何体体积计算方法（表4-4）

表4-4 常见几何体体积计算方法

几何体名称	长方体	锥体	球体	柱体
公式	长×宽×高	1/3×底面积×高	4/3×π×半径³	底面积×高
	$V=abc$	$V=1/3sh$	$V=4/3\pi r^3$	$V=sh$
运输体积	按承运物体所占最大空间核定体积			

2. 常见法定计量单位（表4-5）

表4-5 常见法定计量单位

长度单位		重量单位		体积单位	
名称	符号	名称	符号	名称	符号
米	m	吨	t	立方米	m³
厘米	cm	公斤/千克	kg	立方厘米	cm³
毫米	mm	克	g	升	L

3. 仓储专业技能

（1）仓储作业流程规划。包括：①确定仓库用地面积。②动线流程及大区域规划。③商品种类数量分析及商品种类库存数量。④确定托盘形式及尺寸。⑤确定货架种类及尺寸。⑥确定搬运方式及设备。⑦确定库房形式、高度及跨距。⑧库房细节规划。⑨确定设备规格及询价。

（2）库存计划内容。库存计划是利用共同的信息基础，在多个地点或在增值链的各阶段中协调库存需求。在工厂仓库层次发生计划活动时，以协调库存配置和向多个配送中心递送产品。为协调诸如制造商和零售商的多个渠道伙伴之间的库存需求，也会发生计划活动。计

划方法有两种,即公平份额分配和配送需求计划。

(3) 库存经济批量计算应用。

4. 配送操作技能鉴定要点

(1) 计算人均配送量与人均配送吨千米数(重点)。

(2) 计算平均每台车配送金额与满载车次比率。

$$平均每台车配送金额 = \frac{配送总金额}{总配送车辆数}$$

$$满载车次比率 = \frac{满载车次}{总配送车次}$$

(3) 计算车辆满载率。

$$车辆满载率 = \frac{配送货物的总体积}{车辆总体积数 \times 配送车运转率 \times 作业天数}$$

(4) 计算配送时间比率。

$$配送时间比率 = \frac{配送总时间}{配送人员数 \times 工作天数 \times 正常班工作时数}$$

(5) 计算配送成本比率。

$$配送成本比率 = \frac{自车配送成本 + 外车配送成本}{物流总费用}$$

(二) 案例分析和计算练习

1. 仓储面积计算

仓储面积与仓库类型、货架、叉车等装卸设备的选型有关。仓储面积的计算公式如下:

$$V = Q/C$$

式中,V 为需要的仓库容积;Q 为仓储量;C 为仓容系数,单层建筑 $2.5 \sim 3.0 t/m^2$,多层建筑中,一层为 $2.5 \sim 3.0 t/m^2$,二层为 $2.0 \sim 2.5 t/m^2$,三层为 $1.5 \sim 2.0 t/m^2$。

求出容积后,在仓库选择一定的情况下,再确定仓库层高,就可以求出仓库面积,把多个仓库面积累加就是仓储区面积。

2. 物流设备

它是指进行各项物流活动所必需的成套建筑和器物,组织实务流通所涉及的各种机械设备、运输工具、仓储设施、站场、电子计算机、通讯设备等。

① 按照设备所特有的功能可以分为运输设备、仓储保管设备、装卸搬运设备、流通加工设备、包装设备、信息处理设备等。

② 按照设备在物流活动中的相当位置,可分为固定设备和活动设备。固定设备如铁路、公路、桥隧、车站、港口、仓库等建筑物。活动设备如火车、汽车、轮船、移动式装卸搬运设备等。

③ 按照设备在物流活动中的服务范围,可分为企业(生产)物流设备和社会(供销)物流设备。企业物流设备是企业固定资产的一部分,属于企业的自有设备,如企业的运输车辆、铁路专用线、装卸搬运机械、包装机械、仓储建筑等;社会物流设备是为社会物流服务

的，属于公用设备，如运输线路、桥隧、车站、港口等。

3. 集装箱堆场面积计算

集装箱堆场（包括空、重箱堆放）的堆高可以根据箱型确定。集装箱尺寸一定，预测集装箱运输量已知时，可按下式可计算堆场面积 S

$$S=\frac{Q}{H}\times L\times B$$

式中，Q 为集装箱运输量（个）；L 为集装箱的箱长；B 为集装箱的箱宽。

4. 托盘及货物总体积

托盘是由一个底盘和一个顶盖组成，把货物放在上面，缠绕保护膜，再打包装带。空运用的托盘不能高于 1m（长、宽也有限制的），GP柜不能高于 2m，HQ柜不能高于 2.5m，因为高了就入不了柜门口。托盘分为原木托盘（出口时需要烟熏证明）、再生木托盘和纸托盘、塑料托盘等。

5. 国际航空运输协会（IATA）规定

轻抛货的计费重量按货物长×高×宽（cm）÷6000 计算（不规则货物，包括圆锥、圆柱状物体按长方体计算，为长、宽、高三个方向的最大尺寸相乘）。非航空件轻抛货计费重量按同等体积的航空件轻抛重量减半计算。

锦囊二　物流运输技能训练内容

常用的基础知识

（1）要求学生具备中国地理和世界地理常识（如中国行政区划等）。

23个省份：黑龙江（哈尔滨）、吉林（长春）、辽宁（沈阳）、山西（太原）、河北（石家庄）、河南（郑州）、山东（济南）、安徽（合肥）、江苏（南京）、浙江（杭州）、湖北（武汉）、湖南（长沙）、江西（南昌）、福建（福州）、广东（广州）、海南（海口）、四川（成都）、陕西（西安）、云南（昆明）、贵州（贵阳）、甘肃（兰州）、青海（西宁）、台湾（台北）。

5个自治区：广西壮族自治区（南宁）、西藏自治区（拉萨）、新疆维吾尔自治区（乌鲁木齐）、内蒙古自治区（呼和浩特）、宁夏回族自治区（银川）。

4个直辖市：北京、天津、上海、重庆。

2个特别行政区：香港、澳门。

（2）要求学生熟悉国内外交通网络、环境、设施、设备等相关知识如世界主要港口中英文对照等。

Seattle1 美国 USSEA 西雅图，Semarang62 印度尼西亚 IDSRG 三宝垄，SenDai81 日本 JPSEN 仙台，Shanghai86 中国大陆 CNSHA 上海，Shantou86 中国大陆 CNSWA 汕头，Sharjah971 阿拉伯联合大公国 AESHJ 沙加，Shekou86 中国大陆 CNSKU 蛇口，Shenzhen86 中国大陆 CNSZP 深圳，Shimizu81 日本 JPSMZ 清水，Sibu60 马来西亚 MYSBW 诗巫，Singapore65 新加坡 SGSIN 新加坡，Southampton44 英国 GBSOU 南安普顿，St. Croix1

美属维京群岛 VISTX 圣克洛克，St. John1 加拿大 CASJF 圣约翰，St. Lucia1 圣露西亚 LCSLU 圣露西亚，St. Martin297 荷属安地列斯 ANSFG 圣马丁，St. Thomas1 美属维京群岛 VISTT 圣多玛斯，St. Vincent1 圣文森 VCSVD 圣文森，Stockholm46 瑞典 SESTO 斯德哥尔摩，Stockton1 美国 USSCK 斯托克顿，Suao886 中国台湾地区 TWSUO 苏澳港，SubicBay63 菲律宾 PHSFS 苏比克湾，Surabaya62 印度尼西亚 IDSUB 泗水，Sydney61 澳洲 AUSYD 雪梨 Tacoma1 美国 USTIW 萨克里门图，Taichung886 中国台湾地区 TWTXG 台中港等。

（3）《中华人民共和国交通行业标准》(JT/T 19—2001) 运输货物的分类和代码。

详见图标，本书略。

【行动评价】

"物流辅助功能"技能训练任务评价表

小组		成员				
考评标准	项目	分值/分	自我评价(30%)	他组评价(40%)	教师评价(30%)	合计(100%)
	积极参与	30				
	正确计算	20				
	方案合理	30				
	团队的合作精神	20				
	合计	100				

【行动加固】

熟悉仓储和运输作业常用的知识。

第五模块　物流职业生涯规划

【本模块的学习目标】

通过本模块的学习，我们能学会规划自己的物流职业生涯，初步确定我们的职业生涯目标以及实现目标步骤和措施。

技能训练任务一　认识物流企业的组织构成与工作岗位

【行动目标】

在我们对现代物流有了一个较全面的了解后，我们应对一般物流企业的组织构成及具体的岗位作进一步的探索，以明确我们将来的职业定位。

通过本行动的学习和探索，我们将能够了解以下几个方面。

(1) 了解运输型物流企业、仓储型物流企业及复合型物流企业的组织构成。
(2) 了解物流企业的工作岗位。
(3) 明确物流企业面向中职学生的主要工作岗位。

【行动准备】

(1) 经过前四章的学习，大家对物流行业的概况已有把握。
(2) 曾到过物流公司调查访问。
(3) 上网或利用其他媒体资源查找相关企业知识。

【行动过程】

第一步骤：教师下达任务书。
第二步骤：小组讨论和形成文字材料。
第三步骤：小组成果展示——每一组派一名代表将小组讨论的成果向大家展示并答疑。
第四步骤：组与组之间相互评价。
第五步骤：教师对学生的行为进行点评和对知识内容进行总结，然后明确物流企业面向中职学生的主要工作岗位。

任务书

完成"物流企业架构与岗位"探索任务。

任务A：运输型物流企业的组织结构是怎样的？图示说明。
任务B：仓储型物流企业的组织结构是怎样的？图示说明。
任务C：运输型物流企业有哪些主要工作岗位？
任务D：仓储型物流企业有哪些主要工作岗位？

(1) 全班分若干组（4~6人/组），每组完成其中一项任务。
(2) 组长组织组员明确任务、分工合作，将成果记录下来。
(3) 组长对组员的表现进行简要评价。

【行动锦囊】

 物流企业组织机构的层次划分

物流企业内部的组织机构,从横向看又划分为若干层次即管理层次。所谓管理层次,就是指从企业经理到基层工作人员之间体现领导隶属关系的管理环节,即经营管理工作分为几级管理。组织机构的管理层次,受到管理幅度的制约。管理幅度是指一个领导者或管理者能够有效地管理下属人员的可能数量。一名领导者,因受其精力、经验、学识、能力等条件的限制,能够有效领导的下级人数是有限的,超过一定的限度就不可能实现有效的领导。有效地管理幅度并非一个固定的数值,它受多种条件和因素的制约,如领导者素质的高低,被领导人的素质,管理对象的内容的繁简程度等。对以上因素的综合分析,确定出有效的管理幅度。一般总是尽可能在扩大有效管理幅度的基础上,减少管理层次,降低管理费用,加快管理指令的传递速度,提高管理工作的效率。

大中型的物流企业组织机构一般分为三个层次(最高管理层、中间管理层、基层管理层);小型物流企业一般分为两级管理,即两个层次。

 物流职类职级的认识

通常来说,我国有以下职类与职级,见表5-1。

表5-1 我国物流职类与职级

管理类	技术类	业务类	操作类
高层	物流专家		
中层	高级物流师	资深	高级技师
基层	物流师	高级	技师
助理	助理物流师	二级	高级工
—	物流员	一级	中级工

锦囊三 某运输型物流企业的组织结构（图 5-1）

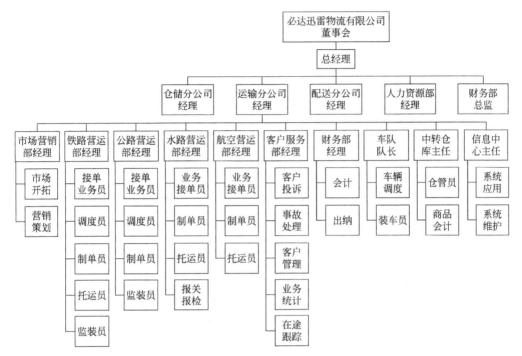

图 5-1　必达迅雷物流有限公司组织结构图

锦囊四 某仓储型物流企业的组织结构（图 5-2）

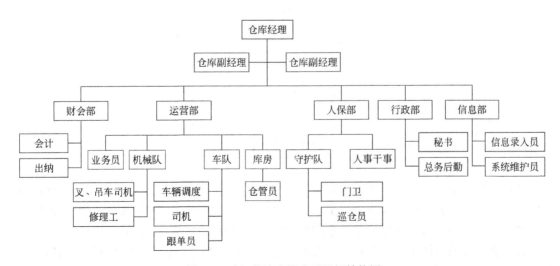

图 5-2　珠江物流有限公司组织结构图

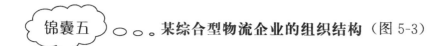
锦囊五　某综合型物流企业的组织结构（图5-3）

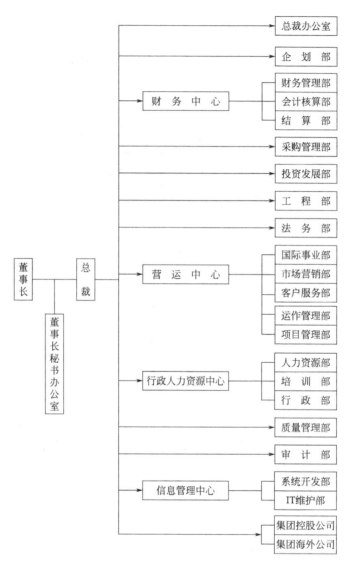

图5-3　某综合型物流企业的组织结构

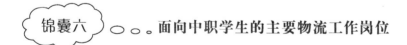
锦囊六　面向中职学生的主要物流工作岗位

适合应届中职物流专业学生的主要物流工作岗位有仓管员、货运操作员、运输制单员、运输跟单员、运输调度员、物流信息员、网络维护员、销售人员、客服人员、商品会计、报关员和叉车司机等。这些岗位的基本素质要求是：文化程度中职以上，对物流基础知识能熟练掌握，有一定的英语基础，特别是能看懂货物的名称、型号等信息。同时还要求能吃苦耐劳，适应加班等。要有团队合作精神，良好的沟通能力，思路清晰，较强的理解能力，工作认真、有责任心、能承受工作压力等。技能方面要求：能熟练操作办公自动化，进行单证输入之类的操作。会计、网络维护员、报关员和叉车司机等还要求有相应的资格证书。

【行动评价】

"物流企业架构与岗位"探索任务评价表

小　　组			成　　员				
考评标准		项　　目	分值/分	自我评价(30%)	他组评价(40%)	教师评价(30%)	合计(100%)
		积极发言	30				
		善于合作	30				
		知识技能	20				
		学习效果	20				
		合　　计	100				

【行动加固】

（1）理清物流行业对应的职业群的横向、纵向的划分，谈谈自己的职业理想。

（2）与物流行业人员或专业老师交流，同时通过社会调查或网上查找相关资料，了解近几年物流行业的发展趋势（尤其是企业规模和岗位职能的变化），熟悉本地区经济发展动向和物流企业分布，明确市场环境和就业的竞争局势，客观分析自己的综合条件，提前做好岗位定位和职业规划指引。

技能训练任务二　分析自我发展条件

【行动目标】

职业生涯规划一方面要联系行业状况，另一方面更要从本人实际出发。自我发展条件的分析包括对自己的个性、生理、现实条件和价值观等方面的分析。全面、清晰地认识自己，寻找与职业要求的差距，并努力调适自己，才能迈向成功的职业生涯。

通过本行动的学习和探索，我们将能够了解以下几个方面。

（1）了解自己的个性特点。

（2）对照物流业的职业要求分析自己的长处与不足。

（3）设计个性调适的计划，培养自己成为物流领域的多面手。

【行动准备】

（1）大家对适合中职学生的物流工作岗位及基本要求已了解。

（2）上网用搜索引擎寻找免费的职业个性（职业兴趣、职业性格、职业能力）和职业价值观的测试表等。

【行动过程】

第一步骤：教师下达任务书。

第二步骤：各人根据以上成果形成文字材料。

第三步骤：请1～3位学生（自愿）分享，听众可发表感悟。

第四步骤：教师对学生的报告进行点评和对知识内容进行总结，激励学生勇于认识自我、接纳自我、改善自我。

任务书

完成一份自我发展条件的分析报告。

任务A：认识自我（身体状况、情绪、人际关系、家庭状况、兴趣、气质、性格、习惯、才智、价值观等）。

任务B：分析物流行业对从业者的要求（职业兴趣、职业性格、职业能力等）。

任务C：按照职业要求调适自己的个性（寻找差距，改善自我）。

有以下几个方面的要求。

（1）任务A独立完成。

（2）任务B由组长组织组员头脑风暴合作完成，将成果记录下来。

（3）任务C自找partner互助完成。

【行动锦囊】

锦囊一　认识自我的秘诀

全面认识自己，既要看到自己的优点和长处，又要看到自己的缺点和不足。因为，每个人的外在形象和内在素质都有自己的优势，又有自己的不足，正所谓"金无足赤，人无完人"，每个人都有自己的缺点，但同时每个人也都有自己的闪光点。即使每个人可能有很多不足，也应该多关注自己的优点和长处，用欣赏的目光来看自己。因为只有看得起自己，才能正确认识自己。面对纷繁复杂的人生世界，如果把目光都集中在痛苦、烦恼上，生命就会黯然失色；如果把目光都转移到快乐之中，就会得到幸福。同样的道理，面对自己，如果只看到自己的缺点、不足，就会悲观失望，停步不前；如果能看到自己的优点、长处，就会充满信心，迎接生活的挑战。但是如果只看到自己的优点，看不到自己的不足，就会沾沾自喜，骄傲自大，停步不前，甚至会倒退。

事物总是发展变化的，没有一成不变的事物。俗话说"士别三日，刮目相看"，其实每个人也都是在不断发展变化的，其中的优势和缺陷也不是一成不变的。因此，必须要用发展的眼光看待自己、要求自己。相信兴趣是可以培养的、性格是可以改变的、能力是可以提高的，通过自己的努力，尽量适应职业需要。

认识自我的途径包括：①通过自我观察认识自己。要认识自己，我们必须要做一个有心人，经常反省自己在日常生活中的点滴表现，总结自己是一个什么样的人，找出自己的优点和缺点。自我观察是自己教育自己、自我提高的重要途径。②通过他人了解自己。苏东坡曾写道："不识庐山真面目，只缘身在此山中。"认识自己有时候的确比较难，一般来说，当局者迷，旁观者清，周围的人对我们的态度和评价能帮助我们认识自己、了解自己。我们要尊重他人的态度与评价，冷静地分析。对他人的态度与评价我们既不能盲从，也不能忽视。③通过与别人的比较洞察自己。只有在与别人的比较中，才能找准自我的坐标。但是要找准比较的对象，把握好比较的尺度，不要总拿自己的缺点与别人的长处进行比较，也不要专拿自己的长处去比较别人的缺点。

锦囊二　通过心理测试认识自己

心理学研究表明，每个人的气质类型各不相同，所以，对下面60个题的回答，没有对错之分，只要把每个题目的意思弄明白，然后品味一下，并将题目所说和自己的真实思想情感与下面5种情形中的那一种相对应。

- 完全一致（或完全赞成，完全符合等，下同）；（2分）
- 比较一致；（1分）
- 一致与不一致之间；（0分）
- 不太一致；（－1分）
- 很不一致。（－2分）

（注意：不要累计加分，每题记每题得分。）

(1) 做事力求稳妥，不做无把握的事。
(2) 遇到使自己生气的事就怒不可遏。
(3) 宁肯一人干事，不愿意和很多人在一起。
(4) 到一个新环境很快就能适应。
(5) 厌恶那些强烈的刺激，如尖叫、噪声、危险镜头等。
(6) 和人争吵时，总想先发制人，喜欢挑衅。
(7) 喜欢安静的环境。
(8) 善于和人交往。
(9) 羡慕那些善于克制自己感情的人。
(10) 生活有规律，很少违反作息制度。
(11) 在多数情况下情绪是乐观的。
(12) 碰到陌生人觉得很拘束。
(13) 遇到令人气愤的事，能很好地自我克制。
(14) 做事总是有旺盛的精力。
(15) 遇到问题常常举棋不定，优柔寡断。
(16) 在人群中不觉得过分拘束。
(17) 情绪高昂时，觉得什么都有趣，情绪低落时，又觉得干什么都没意思。
(18) 当注意力集中于一件事物时，别的事很难放到心上。
(19) 理解问题总比别人快。
(20) 碰到危险情况时，有极度恐怖感。
(21) 对工作、学习、事业有很高的热情。

(22) 能够长时间做枯燥、单调的工作。
(23) 符合兴趣的事，干起来劲头十足，否则就不想干。
(24) 一点小事就能引起情绪波动。
(25) 讨厌那种需要耐心细致的工作。
(26) 与人交往不卑不亢。
(27) 喜欢热烈的活动。
(28) 喜看感情细腻描写人物内心活动的文学作品。
(29) 学习时间长了，常感到厌倦。
(30) 不喜欢长时间谈论一个问题，愿意实际动手干。
(31) 宁愿侃侃而谈，不愿窃窃私语。
(32) 别人说我总是闷闷不乐。
(33) 理解问题常比别人慢。
(34) 厌倦时只要短暂的休息就能精神抖擞，重新投入工作。
(35) 心里有话宁愿自己想，不愿说出来。
(36) 认准一个目标就希望尽快实现，不达目的，誓不罢休。
(37) 学习工作一段时间后，常比别人更困倦。
(38) 做事有些鲁莽，常常不考虑后果。
(39) 老师讲授新知识时，总希望讲解慢些，多重复几遍。
(40) 能够很快地忘记那些不愉快的事情。
(41) 做作业或完成一项工作总比别人花的时间多。
(42) 喜欢运动量大的剧烈体育活动，也喜欢参加多种文艺活动。
(43) 不能很快地把注意力从一件事情转移到另一件事情上去。
(44) 接受一个新任务后，就希望把它迅速解决。
(45) 认为墨守成规比冒险强些。
(46) 能够同时注意几件事物。
(47) 当烦闷的时候，别人很难使自己高兴起来。
(48) 爱看情节起伏跌宕、激动人心的小说。
(49) 对工作认真、严谨，持始终一贯的态度。
(50) 喜欢复习学过的知识，重复做已经掌握的工作。
(51) 和周围的人的关系总是相处得不好。
(52) 喜欢变化大，花样多的工作。
(53) 小的时候会背的诗歌，我似乎比别人记得更清楚。
(54) 别人说我"出语伤人"，自己并不觉得这样。
(55) 在体育活动中，常因反应慢而落后。
(56) 反应敏捷，头脑机智。
(57) 喜欢有条理而不甚麻烦的工作。
(58) 兴奋的事情常使我失眠。
(59) 老师讲的新概念，我常常听不懂。
(60) 假如工作枯燥无味，马上就会情绪低落。

以下是气质类型诊断量表，请同学们做一做，见表5-2。

表 5-2 气质类型诊断量表

气质类型	题　　号	总　　分
胆汁质	2 6 9 14 17 21 27 31 36 38 42 48 50 54 58	
多血质	4 8 11 16 19 23 25 29 34 40 44 46 52 56 60	
粘液质	1 7 10 13 18 22 26 30 33 39 43 45 49 55 57	
抑郁质	3 5 12 15 20 24 28 32 35 37 41 47 51 53 59	

气质类型的诊断。

（1）多血质：多血质一栏超过 20 分，其他三栏得分均较低，为典型多血质。多血质一栏得分在 10～20 分之间，其他三栏得分较低，为一般多血质。

（2）胆汁质：胆汁质一栏得分最多，其他三栏相对较低。

（3）粘液质：粘液质一栏得分最多，其他三栏相对较低。

（4）抑郁质：抑郁质一栏得分相对较高，其他三栏相对较低。

（5）混合气质：其中两栏得分显著超过另外两栏，而且分数比较接近。如：胆粘、血胆、血粘、粘抑等，为两种气质的混合。

（6）如有一栏得分较低，其他三栏相差不大，则为三种气质混合型。

胆汁质型人的特点。

胆汁质又称不可抑制型，属于战斗类型。这种气质类型的人精力旺盛，反应敏捷，乐观大方，但性急、暴躁而缺少耐性，热情忽高忽低。这种人适合于做刺激性大而富于挑战的工作，如物流的市场营销员、托运员、报关员等。胆汁质的人不适合做整天坐在办公室或不走动的工作。

多血质型人的特点。

多血质的人又称活泼型，属于敏捷好动的类型。适应能力强，善于交际，在新的环境中应付自如，反应迅速而灵活；办事效率高，但注意力不稳定，兴趣容易转移。多血质人的职业选择较广泛，如物流的公关、客服、接单、监装员等。多血质的人不适合做细致单调、环境过于安静的工作。

粘液质型人的特点。

粘液质又称安静型，属于缄默而沉静的类型。这种人踏实、稳重，兴趣持久专注，善于忍耐，但粘液质人有些惰性，不够灵活，而且不善于转移注意力。这种类型的人适合做管理人员，如物流的商品会计、客服统计、仓管员等。粘液质的人不适合做富于变化和挑战性大的工作。

抑郁质型人的特点。

抑郁质又称易抑制型，属于呆板而羞涩的类型。这种人感情细腻，做事小心谨慎，善于察觉到别人观察不到的微小细节。但抑郁质的人适应能力较差，易于疲劳，行动迟缓、羞涩、孤僻且显得不大合群。这种类型的人适合做物流的保管员、养护员、信息维护员物流规划等工作。抑郁质的人不适合做需与各色人物打交道、变化多端、大量消耗体力和脑力的工作。

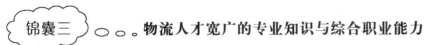

物流人才宽广的专业知识与综合职业能力

首先现代物流业所涉及的领域十分广阔，是外向型和增值型的服务行业，商流、信息流、资金流贯穿于物流运作过程的各个环节中，企业的经营、管理、市场开拓和业务操作对物流人才提出了比较高的知识要求。

在学校会学习好多专业课程,比如《物流基础》、《礼仪》、《计算机应用》、《运输作业实务》、《仓储作业实务》、《物流法律法规》、《物流信息技术》、《物流客户服务》、《现代物流设备知识》、《商品养护》、《物流英语》、《国际贸易实务》、《物流企业成本核算》等。在老师的引领下,在不断加强的实践体验中应综合建构起以下多方面的专业知识,包括运输专业知识(海运、空运、铁路及公路运输)、仓库管理知识、物流管理中的安全知识、财务知识、法律知识、保险知识(海运保险、空运保险、陆运保险、仓储建筑物保险、货物保险、人身保险等)、国际贸易知识(国际采购、国际结算及风险防范等)、海关知识、外语知识(阅读与听说写)等。不同岗位的基层员工,要求掌握的专业知识侧重点可以有所不同,但要成为多面手或管理人员,我们还是要尽量全面地武装自己。

在不断运用知识的过程中,我们的专业能力也逐渐产生。职业能力除了专业能力还包括方法能力(如自学能力、分析与综合能力、信息接收和处理能力、创新能力等)和社会能力(如交往合作能力、组织管理能力、自控能力、反省能力、适应变化的能力、抗挫折能力、推销自我的能力、谈判能力、竞争能力等)。经过长时间的学习培训以及相应的实践活动把三者融会贯通,形成较强的综合职业能力。

其次物流产业对人才的要求是分多个层次的。

据统计,在物流从业人员中,75%~85%的人员是从事操作岗位的工作。针对不同的行业、不同的职务、不同的工作岗位,对物流从业人员的要求也不尽相同。如就业对口的物流企业有铁路公路、航空航海、内河运输、港口装卸、船东货代、仓储加工、邮政配送、城市配送、外贸公司、制造企业等传统行业,也包括新兴的第四方物流企业、物流咨询与策划、物流金融和物流信息技术等类型。

最后探讨物流人才综合素质要求。物流属于现代服务业,人才选择应以经验为首选考虑因素。

一般认为文凭占15%,经验占70%,证书占15%。另外还需要熟悉"方案策划、成本核算、谈判签约、定单处理、仓储装卸、配载调拨、交付返单、保险理赔、客户服务、设备操作维护、报关报检、中英文函电"等方面业务流程和操作办法。不但需要懂得物流方案的策划和组织实施,更需要有良好的专业职业素养和服务意识,善于协调和沟通,爱岗敬业,精益求精,熟练掌握运作流程,胜任岗位职能要求。

下面参考部分物流企业岗位与其相应的职业能力要求,见表5-3。

表5-3 部分物流企业岗位与其相应的职业能力要求

职业能力 职业	语言能力	数理能力	空间判断能力	察觉细节能力	书写能力	运动协调能力	动手能力	交往合作能力	组织管理能力
汽车驾驶员	3	2	2	3	3	2	2	3	4
调度员	2	2	4	3	3	3	3	2	1
经营管理人员	2	2	4	3	2	4	3	2	2
销售人员	2	2	4	3	2	3	2	2	2
采购员、供销员	2	2	4	3	3	3	2	1	2
外贸职员	1	2	4	3	3	3	3	1	2
保管员	3	2	3	3	3	3	2	2	3
会计、出纳、统计员	3	1	4	1	2	4	3	2	3
业务员	2	2	3	2	1	3	3	2	2
秘书	2	2	3	2	1	3	3	2	2

注:表中数字含义:"1"为强;"2"为较强;"3"为一般;"4"为较弱。

锦囊四　从事物流工作所要具备的心理素质

按说物流行业红火一些年头了，但物流人才奇缺却是不争的现实。大把科班出身的中专生、大专生、本科生找不到工作，为什么？作为物流从业人员应该具备怎样的职业素质呢？

职业素质是指劳动者在一定的生理和心理条件的基础上，通过教育、劳动实践和自我修养等途径而形成和发展起来的，在职业活动中发挥作用的一种基本品质。职业素质主要包括思想政治素质、职业道德素质、科学文化素质、专业技能素质、身体心理素质等。其中，思想政治素质是灵魂，职业道德素质是保证，科学文化素质是基础，专业技能素质是重点，身体素质是本钱，心理素质是关键。物流行业的特点是综合性强，而且要求从业者有较强的实操能力和适应能力，并一定要从基层做起。基层往往是传统操作多于现代手段，在装车现场，40℃的高温环境，现场工作人员不能有丝毫的马虎。在工作辛苦环境不佳的时候，能否坚持不懈，经得起枯燥、劳累、委屈的反复考验，始终不放弃自己的理想，积极进取呢？可见，物流首先需要从业者有良好的适应能力，能吃苦耐劳耐寂寞，坚忍不拔，承受挫折的能力。同时，物流行业的从业者都是整个链条上的一个环节，每个项目和每辆车的作业，都不是靠一个人的力量完成的。"不填这张单子，对自己工作可能不会有影响，可对下一个工序的同事来说，就是大问题，会有大麻烦"。因此，企业更看重员工的责任感和团队精神。此外，自信与自尊，懂得知恩、感恩、报恩，积极，乐观，向上都是必不可少的。

良好的心理素质不是一朝一夕能产生的，因此，我们要利用在校时间努力培养。

锦囊五　好习惯的养成

每个人都有梦想，都希望成功，但在现实中由于身上的坏习惯会影响成功的步伐。因此职业生涯的顺利发展需要调整自我，提高自控力，那么，就从改变习惯做起吧。

有人对德国的酒鬼做了细致的观察后发现，在德国即使是一个喝醉了的酒鬼，也不会随地乱扔酒瓶，而是摇摇晃晃，为手里的空酒瓶子寻找垃圾箱，找到后还会努力定定神，仔细看一下垃圾分类，再把瓶子放进去，……，这就是典型的习惯行为。

习惯是一种长期形成的思维方式、处事态度，有很强的惯性，像轮子的转动一样。人们往往会不自觉地启用自己的习惯，不论是好习惯还是坏习惯，不经意间会影响我们的一生。习惯的形成大致分成三个阶段：第一个阶段是第1～7天左右，这个阶段的特征是"刻意，不自然"，这时需要十分刻意地提醒自己去改变，同时会觉得有些不自然，不舒服。第二个阶段是第7～21天左右，这一阶段的特征是"刻意，自然"，这时已经觉得比较自然，比较舒服了，但是一不留意，还会回复到从前，因此，这时还需要刻意地提醒自己改变。第三个阶段是第21～90天左右，这个阶段的特征是"不经意，自然"，其实这就是习惯，一旦跨入这个阶段，这个习惯已成为信念。

以下是养成习惯的一些方法借鉴。

1. 明确要培养的好习惯

用 20 分钟的时间列出我们的"不良习惯一览表"。接着再用 20 分钟,列出"好习惯一览表"。然后认真分析一下,哪些要改?打算如何改?哪些要培养?打算如何培养?看法越坚定、清楚,习惯的培养或改正越坚决。

2. 意念催促法

在培养习惯的第一个星期里,将自己想养成的习惯,输入自己的头脑里,时刻敦促着自己的行为是否符合要求,同时不停地用意念提醒自己形成好习惯的重要性。

3. 视觉法

将要培养的习惯画成图案记于心中。贴在墙上、写于笔记本首页、放于垫玻璃的桌面等,都是为了增强视觉方法,也可以制作成卡片、图片,再放置于自己方便看到的地方。

4. 行动法

用行动、重复地行动。对自己说"我做得到""我要去做!"如果能连续行动 21 天,就会发现习惯已经基本培养起来了。

5. 叫人帮助法

请人监督或向亲友许诺,也会有不错的效果。

6. 自我嘉奖

奖励是对好习惯的一种嘉奖形式。如果能严格按照章法约束自己的行为习惯,就应该给予一定物质或精神奖励。奖励能激发我们心灵震动和愉悦,将自制力转化为自愿的行动,把原来的不自觉变为自觉。

无论改变坏习惯是多么难,但只要运用上述方法,就会渐渐养成成功者的习惯。请记住:播下一个行动,将收获一种习惯;播下一种习惯,将收获一种性格;播下一种性格,将收获一种命运。

【行动评价】

"自我发展条件分析"评价表

小 组		成 员				
考评标准	项 目	分值/分	自我评价(30%)	他组评价(40%)	教师评价(30%)	合计(100%)
	积极发言	30				
	善于合作	30				
	知识技能	20				
	价值观念	20				
	合 计	100				

【行动加固】

(1) 物流行业涉及哪些职业资格证书?面对眼花缭乱的众多证书,我们必须认清哪些才是国家或国家授权部门组织的。了解一下我们必须考取的是哪些？根据我们现有的水平和经济能力还可以选择考取哪些？

（2）多看招聘广告，留意物流企业对应聘者各方面的要求，审视一下自己与招聘条件的差距是否正在缩小，能否以此规范自己的行为。

技能训练任务三　个人职业生涯规划

【行动目标】

在知己知彼的基础上，该是我们抉择和行动的时候啦！按照"分析发展条件，确定发展目标，构建发展阶段，制定实现目标的措施"四步最终完成一份物流职业生涯规划，并对其进行适时调整。

通过本行动的学习和探索，我们将能够了解以下几个方面。

（1）确定适合自己的职业生涯发展目标并构建发展台阶。

（1）制定切实可行的发展措施。

（2）最终完成一份物流职业生涯规划，并对其进行适时调整。

【行动准备】

（1）大家对物流行业的状况、机遇以及自我的发展条件都心中有数了，职业生涯规划开始明晰。

（2）了解物流企业的人才结构及成长历程。

（3）阅读一份学生制作的职业生涯规划书。

【行动过程】

第一步骤：教师下达任务书。

第二步骤：小组合作：构思物流职业生涯规划的框架内容。

第三步骤：案例分析："诸葛亮的职业生涯规划"，并回答以下问题。

（1）诸葛亮的职业目标是什么？制定的依据是什么？

（2）诸葛亮为实现职业目标做了哪些布置？完成情况怎么样？

第四步骤：阅读师姐的职业生涯规划书。

第五步骤：各人书面完成一份自己的物流职业生涯规划书。

第六步骤：教师点评，并明确每一份职业生涯规划书都会在职业发展过程中作调整。

任务书

完成一份自己的物流职业生涯规划书。

【行动锦囊】

　　了解社会的就业形势及物流企业的人才结构

1. 清楚了解当前社会的就业形势

受全球金融风暴的影响，全国总的就业形势不容乐观，企业大量裁员，2008年有近一半的大学生没有就业。

2. 当前广州及全国的薪金状况

当前广州的平均工资是2300元，最低工资是860元，广州地区物流行业的入门工资在1000～1300元之间，如图5-4。

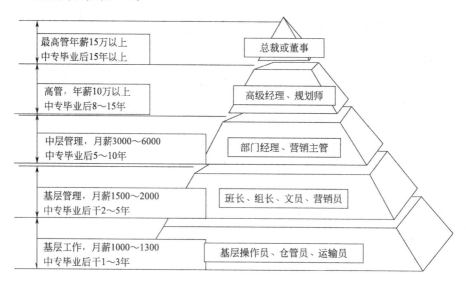

图5-4 我国各层级物流职位薪资情况

3. 物流企业的用人策略

物流对企业的人才可分为三个层次，最高级的物流规划人才，负责公司的发展规划，物流方案的制订，物流线路的选择，物流网络的建立等；中间的管理人才，主要负责物流公司的日常管理，一般突发事件的处理；基层操作人员，负责现场一线的实际操作。高层管理人员一般由研究生或本科生担任，中层管理人员主要由本科或大专生中培养；而基层操作人员则主要是职校生或以下学历的人员。

4. 我们的就业策略

我们的就业策略首先应该是"先就业，再择业，后创业"，解决离开父母之后的生存问题；其次要有思想准备，从基层做起，从最累的工种做起，逐步发展，逐年提升；切切不可指望一到企业就当白领，做经理。第三，当积累了一定的工作经历及业务关系之后可以寻求更大更有前景的公司。

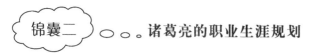

锦囊二　诸葛亮的职业生涯规划

如果大家读过《三国演义》的就一定忘不了刘备集团的总经理——诸葛亮。东汉三国时期，群雄逐鹿，人杰辈出，与绝大多数怀才不遇者的思维定势相反，长期隐居南阳草庐的诸葛亮一出山就投靠了当时最为势单力薄的刘备集团并终生为其奔走效力。在为刘备集团做出杰出贡献基础上，诸葛亮也实现了个人事业的成功。这归根结底取决于诸葛亮精妙的职业生涯规划！

1. 明确职业生涯目标

诸葛亮的个人职业发展定位非常清晰。诸葛亮自幼胸怀大志，始终以春秋战国时期两位著名的最高参谋管仲、乐毅为个人楷模，立誓要成为他所处时代杰出的"谋略大师"，为光复汉室贡献力量；同时，诸葛亮也非常清楚：他自己长期积累的才干已具备了实现职业目标的可能！

2. 立足现实、着眼发展

从应聘对象选择上看，诸葛亮也独具慧眼。曹操已经统一了半个中国，实力雄厚，最有资格挑战全国统治权，孙权只求偏安自保，而势力最为弱小的刘备集团却具备快速成长、与曹操、孙权三足鼎立乃至在此基础上一统天下的可能性。

原因在于：第一，刘备始终坚持光复汉室的理想并在全国赢得了相当一批支持者——这与诸葛亮的个人价值观吻合；第二，刘备品性坚韧顽强，敢于与任何强大的敌人对抗；第三，刘备待人宽厚谦和，团队凝聚力超强；第四，刘备是汉朝皇族后裔，具备名正言顺继承"大统"的资格。以上条件恰恰是刘备增值潜力最大的资源且其他诸侯很难模仿、替代。此外，还有一个非常重要的原因，在赤壁之战之前，曹操和孙权两大集团都已人才济济、颇具规模，诸葛亮若去投奔，最多也只能成为一名"中层管理人员"，而刘备集团当时主要由一些武将构成，高级参谋人才奇缺，诸葛亮完全有可能被破格提拔进入最高领导层！

3. 准备充分，措施缜密

在应聘准备和应聘实施方面，诸葛亮更是做得近乎完美！

在个人推销方面，诸葛亮通过躬耕陇亩给外界留下踏实肯干的印象；同时，他还自作了一篇《梁父吟》，含蓄地表明心志；此外，诸葛亮在与外人言谈中每每自比管仲、乐毅，一方面宣传了个人的卓越才华，另一方面也表明了他对"和谐双赢"的君臣关系的向往——诸葛亮个人才能和求职意向等重要信息最终通过各种渠道传递到了刘备那里。

在应聘临场发挥方面，诸葛亮在完全私密性的"隆中对"时，通过逻辑严谨的精彩表述充分展现了个人对国内军事、政治形势以及刘备集团未来发展战略的全面深入思考，令刘备对这个27岁的年轻人大为叹服！此后，刘备始终待诸葛亮为上宾，全部重大决策都要与其共同协商探讨，甚至在临终之时还有托孤让位之举；诸葛亮也始终对刘备忠诚一心，鞠躬尽瘁！深厚的君臣情谊是刘备集团后来事业蓬勃发展、最终与曹操、孙权三足鼎立的重要因素并传为千古佳话！

诸葛亮是昔日乱世中的一个孤儿，如果没有提前进行职业生涯规划，很可能就淹没在历史的尘埃之中，怎有今天的流芳百世呢！积极进取且颇有心计的诸葛亮通过在职业选择上的完美谋划，彻底改变了自己的命运。

锦囊三　明确心中的目标

确定发展目标是职业生涯规划的核心。我们要获得成功的职业生涯，必先早早确定发展目标，通常包括长远目标和由此分解出来的阶段目标，同时目标制定一定要立足本人实际。

但是每个同学的情况有差异,该往哪条路走才是最合适的呢?是走专业技术型发展道路,还是走自我创业型以及其他的发展道路呢?专业技术型需要专门的技术性知识和较强的分析能力,从一个物流员到物流专家必须经过长期的培训、锻炼和积累;而自我创业型需要有创新思维、能承担风险。

长远目标应该是由阶梯式渐进的各阶段目标逐步达成的,前一个目标是后一个目标的基础,后一个目标是前一个目标的方向,所有的阶段目标都指向长远目标。而每一个目标都最好能遵循"SMART"原则,即

S(Specific):目标要清晰、明确,能用具体的语言清楚地说明;

M(Measurable):目标要量化,设定数量和质量上的衡量标准;

A(Attainable):目标要通过努力可以实现,也就是目标不能过低和偏高,偏低了无意义,偏高了实现不了;

R(Relevant):目标要有现实意义,是可以操作的;

T(Time bound):目标要有时限性,要在规定的时间内完成,时间一到,就要看到结果。

为此,我们可制定阶段目标计划的检查表,见表5-4。

表5-4 阶段目标计划的检查表

项目 \ 阶段	第一阶段	第二阶段	第三阶段
目标(标准)			
达标时间			
措施(方法)			
完成情况			

锦囊四　中职生学历进修之路大PK

实现目标必须有具体的措施并附诸行动。提升学历也许是我们计划中的一项。部分同学希望在中职学校毕业后就考入高等学校继续学习,有的则计划参加工作后攻读高校文凭。我国高速发展、日益普及的高等教育给求学者提供了丰富多样的选择。对于渴望提高学历的中职生,首先是了解有关的资讯,选择一条适合自己的进修之路。

按照国家规定,中职学校的毕业生要获得国家认可的高等学历文凭,可通过以下的途径:成人高等教育、高等职业教育、高等教育自学考试、远程教育和广播电视大学开放教育。除此以外的多数属于非学历教育,求学者要注意辨别。

至于这些求学途径的特色和要求,可通过以下表格了解其概貌,见表5-5。

表 5-5　国内适合中职类学生提高学历的各类进修教育简介

项目	成人高等教育	高等职业教育	自学考试	远程教育	广播电视大学开放教育
简介	属于国民教育系列，国家承认学历	属于普通高校教育，侧重培养具有实际操作技能的应用人才	是高等学历文凭考试，国家承认学历	即网络大学，国家承认学历	远程开放教育，国家承认学历
报考	持有高中毕业证书（含中等职业学校），每年9月初报名，10月中考试（语数英）	持有高中毕业证书（含中等职业学校），与普高同步，需要参加"3+专业技能证书"考试	不受性别、年龄、民族、种族和教育程度限制	持高中、中职学校毕业证书可报考专科，分春季和秋季招生，录取由高校自定	持高中、中职学校毕业证书可报考专科，免试入学
学费	大约每年3000多元	每年6000多元至10000多元不等	每次每科报名费（37元）×报考次数×考试科数	每学分学费×总学分数（每学分由90元至150元不等，各高校自定）	每学分学费×总学分数
学习年限	全日制（脱产）为2年，业余学习为3年	全日制2年	全部课程考试合格者可毕业，不及格者可参加下一次的考试，不限制参加次数	2.5～5年	2.5～8年

锦囊五　职业生涯规划的调整

"预则立，不预则废"，职中一年级我们就做好了未来的职业生涯规划，以增强我们在校学习的目的性。那么，它是否应该一成不变呢？社会在变革、知识在更新、观念在发展，影响职业生涯规划的因素也随之变化。要使我们的职业生涯规划在我们走上岗位后仍行之有效就要学会根据实际情况对规划进行必要的调整和修正。

变化既有客观方面也有主观方面。来自行业的变化，如物流设备的更新，岗位任务的综合，新增岗位的出现等都对就业者的要求提升了；环境——社会环境、政治环境、经济环境、企业环境也是多变的，这些变化给我们当初制定的目标的实现可能会带来困难，也可能带来机遇，我们只有抓住机遇调整目标，主动适应外部的变化才是正确的；另外，我们本身随着年龄的增长，尤其是实习阶段、首次就业所得到的经验、阅历、知识、技能，以及我们个性、能力、家庭状况等等变化，都促使我们反思、审视是否需要修正。

调整职业生涯规划的时机有两个。第一个最佳时期是毕业前夕，根据实习和求职过程的体验，结合新的就业信息对规划进行及时的调整；第二个最佳时期是工作3～5年时，这时已经有了一段从业经历，对社会、对人生有了切身体验和更深的认识，在职业生涯发展上有了新的追求。每个人都会在职业发展过程中根据实际情况自觉地总结经验和教训，包括对自我的重新认识，从而确定最终的职业目标，不断完善自己的人生规划。

职业生涯规划的调整实质上是第一次职业生涯规划四大步骤的再循环。但再循环不是原有规划过程的简单重复，而是对发展的主客观条件、长远目标及各阶段目标的内容重新思考和再规划，如图5-5。

职业总是随着科技进步、社会发展不断地在演变。我们必须树立终身学习的理念，掌握日新月异的知识和技能，这样才能生存与发展下去。学生时代稍纵即逝，从今天开始，珍惜在校时间，努力提高自己各方面的素质和职业竞争能力，为职业生涯的可持续发展打好基础。

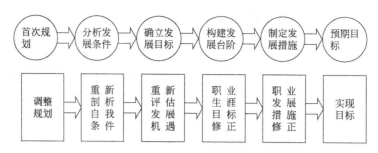

图 5-5 职业生涯规划四步骤、职业生涯规划调整四环节

【行动评价】

"完成职业生涯规划书"评价表

小组		成员				
考评标准	项 目	分值/分	自我评价(30%)	他组评价(40%)	教师评价(30%)	合计(100%)
	积极发言	30				
	善于合作	30				
	知识技能	20				

【行动加固】

学习借鉴一个学生的职业生涯规划书，也为她提些好建议帮助她完善。

我的理想——物流高级讲师

序　言

我国香港著名推销商冯两努讲过："世界会向那些有目标和远见的人让路。"也就是说，你若要成就一片天地，若要完成你的远大志向，首先要确立一个目标。这个目标，在我们实现它的同时要不断去调整。为了这个目标，我们肯定要付出时间、精力、汗水、泪水，也肯定尝遍失败、激动与喜悦。当我眼睛噙着泪水不放弃时，我深信最终等待我的将是嘴角成功的微笑。

自我条件分析

我就读广州某职业学校的物流专业，非常热爱并愿意毕业后从事物流行业。通过3年的学习和训练，我具备了一定的专业理论基础和操作技能，我有信心挑战物流企业的单证员和客服员岗位，通过工作中的锻炼和提高，我希望3年后成为一名优秀的客户服务经理。

优点：

（1）我是一名开朗，健谈的女生，会很快融入新群体。从小爱看一些有关演讲的书籍故事和电影话剧，对于演讲产生浓厚的兴趣。

（2）对专业、知识的热爱。通过3年的学习，了解了不少物流的有关专业知识，已考取了物流员证，计算机资格证。

（3）沟通能力。我之前有做过"电话访问员"，锻炼了语言表达能力。

（4）富有思考和自我反省能力，比较注重现实，责任意识较强，做事认真谨慎。

不足：

（1）意志控制力较差，有时会出现情绪波动的情况，我想每个人的性格都有双重性，需要加以控制。

(2) 专注力。比较好动不能长时间静下心去做一件事，缺乏耐心。

社会环境分析

物流产业是国民经济发展的重要组成部分。国务院在2008年3月已经公布"振兴现代物流产业"为中国十大振兴产业之一。

广州是华南地区的物流枢纽，是中国传统物流成长的发源地。从20世纪80年代以来，广东的物流企业就为中国的改革开放和经济发展，做出了巨大的贡献。为实现广东省"十一五规划"和物流发展计划，推动泛珠三角经济联动的发展，充分运用新的南沙港和广东省城际交通设施升级所带来的机遇，广东的物流企业都呈现出更新的发展态势。很明显：广东的物流产业有着广阔的发展前景，我们物流专业的学生有了更广阔的舞台去展示才华。

物流是现代企业管理的重要组成部分，被视为"第三利润源泉"，也是继信息产业之后又一具有广泛行业渗透力的新兴产业。我国加入WTO后，物流产业的发展将面临前所未有的机遇和挑战。"现代物流"，这个名词对大多数人来说还是比较陌生的，因为它是一个新兴发展的行业，而物流成为最热门的职业只是时间问题，它宛如一只质优股，以后将有更多人学习它，而广州是珠三角的中转站，很多货物将通过广州运往各地。从而，它就需要一个经验与教本相结合的物流教师去传授它。以上的条件因素成为我最好的条件和起跳板。

物流是一门应用型很强的学科。我很期望毕业后到企业一线工作。通过学习锻炼不断提高，成为一名优秀的物流人，在平凡的岗位中做出不平凡的贡献！

职业目标

综合以上自身和社会的条件，我比较适合从事物流讲师，社会也缺少物流讲师这种有物流经验同时也会教课的老师。

总的来说，物流因为是新兴职业，大家对它不够熟悉，只是一个模糊的概念。而物流成为最热门的职业只是时间问题，它宛如一只质优股，以后将有更多人学习它，从而，它就需要一个好的老师去推广、传教。所以我确立了我的职业目标：一名经验与教本相结合的物流高级讲师。

阶段规划

当你站在山的最高峰时，你不会忘记自己是一步一步从山脚爬上去的，同样，达成物流讲师这个目标，是要由一个一个重要的阶段筑成的。

物流的前景犹如它的路线放射图一样，它涉及的有运输、仓储等各种业务，但很多人就将它的定义停留在搬运，我真的很想把物流推广出去，让更多人知道它的地位，它的重要性。要达到目标就要规划，它需要一个进化的过程，而这个过程可分为以下阶段。①准备阶段（16～21岁）以专业学习为主；②选择阶段（22～25岁）要考取师范大学和相关证件；③定向阶段（26～29岁）进入有关物流企业和物流专业中专同时学习教书；④发展阶段（30～34岁）教书学习相结合；⑤实现阶段（35岁）达成目标。

实现措施

在实现这些小目标的同时，也可能会遭遇考证失败，但失败也是我需要的，它跟成功对我一样有价值，没有失败过，我的承受能力也就不能得到提高。我也有可能遭遇面试失败，通过这些挫折将会锻炼应变能力，增长经验，丰富智慧。

准备阶段

主要是中专学习和大专学习，了解专业知识同时要学会生活，学会交流，学会相处，这些都是比专业知识更为重要的知识。所以，在校期间要多参加学生会活动，锻炼胆量，增长知识，学会与人相处。英语是我的弱点，在这期间我要勤练英语。19岁争取考上广州某继续教育学院学习国际贸易专业，学习更多的专业知识，课余到社会找一家物流公司工作，积累工作经验，了解更多的物流知识，考取通关员证、单证员这类专业证件，以备以后职业变化之需。

选择阶段

成为高级物流讲师就要考取教师证等。所以大专毕业后就读某师范大学，考取教师资格证、普通话二级乙等、心理学、教育学、通过英语能力和计算机能力资格能力测试。如果我以现在自己"三天打鱼，两天晒网"的态度绝对不可能成功，所以，必须要勤于学习，锻炼我的专注力。

定向阶段

这是一个关键时期，首先是要找到一间有物流专业的中职学校，面试通过后进入学校当物流助教，这个是成为物流讲师的必经之路，而这个阶段最有可能放弃目标，因为那时的自己是最脆弱的。或许那时候已有了自己的家庭，压力也很大，稍有偏激的想法就可能放弃之前的努力。所以，这时在做好本分的工作同时要照顾好家庭，处理好两者之间的关系，为它们找到一个平衡点。另外在工作上要处理好师生关系，同时进入物流企业增长知识。

发展阶段和实现阶段

经过4年的锻炼，在30~34岁时我有一定的经验，考取物流讲师资格证，当上物流讲师，这时候最重要的是自我增值，继续读书考研，调整自我位置。根据时间、经验等各方面的因素，大概在35岁时可以达成我的目标——物流高级讲师。

结束语

蝴蝶在它短暂的生命周期里展现了它华丽的一生，何况是人？不过规划终究是规划，如果不付之努力，一切都为空谈。职业规划的目的是建立目标、树立信心，职业规划只是走向成功的辅助手段，能否成功完全取决于个人的努力。职业生涯发展中，有很多变化，如果我成为不了老师，但我有物流专业知识，也有相关物流证件，一变应万变。

实现目标的彼端是什么？等我真正实现了就可以知道，我深信，最终等待我的将是嘴角成功的微笑！

附录 物流术语(修订版)GB/T 18354—2006

1 范围

本标准确定了物流活动中的物流基础术语、物流作业服务术语、物流技术与设施设备术语、物流信息术语、物流管理术语、国际物流术语及其定义。

本标准适用于物流及相关领域的信息处理和信息交换，亦适用于相关的法规、文件。

2 规范性引用文件

下列标准所包含的条文，通过在本标准中引用而构成为本标准的条文。本标准出版时，所示版本均为有效。所有标准都会被修订，使用本标准的各方应探讨使用下列标准最新版本的可能性。

GB/T 1992—1985 集装箱名词术语（neq ISO 830：1981）

GB/T 4122.1—1996 包装术语 基础

GB 8226—1987 公路运输术语

GB 12904—2003 商品条码

GB/T 12905—2000 条码术语

GB/T 13562—1992 联运术语

GB/T 15624.1—2003 服务标准化工作指南 第一部分 总则

GB/T 16828—1997 位置码

GB/T 16986—2003 EAN、UCC 系统应用标识符

GB/T 17271—1998 集装箱运输术语

GB/T 18041—2000 民用航空货物运输术语

GB/T 18127—2000 物流单元的编制与符号标记

GB/T 18768—2002 数码仓库应用系统规范

GB/T 18769—2003 大宗商品电子交易规范

GB/T 19251—2003 贸易项目的编码与符号表示导则

3 物流基础术语

3.1 物品 goods

货物

经济与社会活动中实体流动的物质资料。

3.2 物流 logistics

物品从供应地向接收地的实体流动过程。根据实际需要，将运输、储存、装卸、搬运、包装、流通加工、配送、信息处理等基本功能实施有机结合。

3.3 物流活动 logistics activity

物流过程中的运输、储存、装卸、搬运、包装、流通加工、配送等功能的具体运作。

3.4 物流管理 logistics management

为以合适的物流成本达到用户满意的服务水平，对正向及反向的物流过程及相关信息进行的计划、组织、协调与控制。

3.5 供应链 supply chain

生产及流通过程中，涉及将产品或服务提供给最终用户活动的上游与下游组织所形成的网链结构。

3.6 供应链管理 supply chain management

对供应链涉及的全部活动进行计划、组织、协调与控制。

3.7 物流服务 logistics service

为满足客户需求所实施的一系列物流活动产生的结果。

3.8 一体化物流服务 integrated logistics service

根据客户需求对物流项目进行全过程、多功能的服务。

3.9 第三方物流 third party logistics（TPL，3PL）

独立于供需双方为客户提供专项或全面的物流系统设计或系统运营的物流服务模式。

3.10 物流设施 logistics facilities

具备物流相关功能和提供物流服务的场所。

3.11 物流中心 logistics center

从事物流活动且具有完善信息网络的场所或组织。应基本符合下列要求：

a) 主要面向社会提供公共物流服务；

b) 物流功能健全；

c) 集聚辐射范围大；

d) 存储、吞吐能力强；

e) 对下游配送中心客户提供物流服务。

3.12 区域物流中心 regional logistics center

全国物流网络上的节点。以大中型城市为依托，服务于区域经济发展需要，将区域内外的物品从供应地向接受地进行物流活动且具有完善信息网络的场所或组织。

3.13 配送 distribution

在经济合理区域范围内，根据客户要求，对物品进行拣选、加工、包装、分割、组配等作业，并按时送达指定地点的物流活动。

3.14 配送中心 distribution center

从事配送业务且具有完善信息网络的场所或组织，应基本符合下列要求：

a) 主要为特定客户或末端客户提供服务；

b) 配送功能健全；

c) 辐射范围小；

d) 多品种、小批量、多批次、短周期。

3.15 物流园区 logistics park

为了实现物流设施集约化和物流运作共同化，或者出于城市物流设施空间布局合理化的目的而在城市周边等各区域，集中建设的物流设施群与众多物流业者在地域上的物理集结地。

3.16 物流企业 logistics enterprise

从事运输（含运输代理、货运快递）或仓储等业务，并能够按照客户物流需求对运输、储存、装卸、搬运、包装、流通加工、配送等进行组织和管理，具有与自身业务相适应的信息管理系统，实行独立核算、独立承担民事责任的经济组织。

3.17 物流模数 logistics modulus

物流设施与设备的尺寸基准。

3.18 物流技术 logistics technology

物流活动中所采用的自然科学与社会科学方面的理论、方法，以及设施、设备、装置与工艺的总称。

3.19 物流成本 logistics cost

物流活动中所消耗的物化劳动和活劳动的货币表现。

3.20 物流网络 logistics network
物流过程中相互联系的组织、设施与信息的集合。

3.21 物流信息 logistics information
反映物流各种活动内容的知识、资料、图像、数据、文件的总称。

3.22 物流单证 logistics documents
物流过程中使用的单据、票据、凭证等的总称。

3.23 物流联盟 logistics alliance
两个或两个以上的经济组织为实现特定的物流目标而采取的长期联合与合作。

3.24 企业物流 enterprise logistics
生产和流通企业在经营活动中所发生的物流活动。

3.25 供应物流 supply logistics
提供原材料、零部件或其他物料时所发生的物流活动。

3.26 生产物流 production logistics
企业生产过程发生的涉及原材料、在制品、半成品、产成品等所进行的物流活动。

3.27 销售物流 distribution logistics
企业在出售商品过程中所发生的物流活动。

3.28 军事物流 military logistics
用于满足平时、战时军事行动物资需求的物流活动。

3.29 国际物流 international logistics
跨越不同国家或地区之间的物流活动。

3.30 精益物流 lean logistics
消除物流过程中的无效和不增值作业，用尽量少的投入满足客户需求，实现客户的最大价值，并获得高效率、高效益的物流。

3.31 逆向物流 reverse logistics
反向物流
从供应链下游向上游的运动所引发的物流活动。

3.32 废弃物物流 waste material logistics
将经济活动或人民生活中失去原有使用价值的物品，根据实际需要进行收集、分类、加工、包装、搬运、储存等，并分送到专门处理场所的物流活动。

3.33 军地物流一体化 integration of military logistics and civil logistics
对军队物流与地方物流进行有效的动员和整合，实现军地物流的高度统一、相互融合和协调发展。

3.34 全资产可见性 total asset visibility
实时掌控供应链上人员、物资、装备的位置、数量和状况等信息的能力。

3.35 配送式保障 distribution-mode support
在军事物资全资产可见性的基础上，根据精确预测的部队用户需求，采取从军事物资供应起点直达部队用户的供应方法，通过灵活调配物流资源，在需要的时间和地点将军事物资主动配送给作战部队。

3.36 应急物流 emergency logistics
针对可能出现的突发事件已做好预案，并在事件发生时能够迅速付诸实施的物流活动。

4 物流作业服务术语

4.1 托运人 consigner
货物托付承运人按照合同约定的时间运送到指定地点，向承运人支付相应报酬的一方当事人。

4.2 托运 consignment

托运人与承运人签订货物运输合同,最终完成货物运输活动的过程。

4.3 承运人 carrier

本人或者委托他人以本人名义与托运人订立货物运输合同的人。

4.4 承运 carriage

承运人接受托运人的委托,提供货物运输服务,并承担双方所签订的货物运输合同中载明的责任。

4.5 运输 transportation

用专用运输设备将物品从一地点向另一地点运送。其中包括集货、分配、搬运、中转、装入、卸下、分散等一系列操作。

[GB/T 4122.1—1996,定义 4.4]

4.6 门到门运输服务 door to door service

承运人在托运人指定的地点接货,运抵收货人指定地点的一种运输服务方式。

4.7 直达运输 through transportation

物品由发运地到接收地,中途不需要中转的运输。

4.8 中转运输 transfer transportation

物品由发运地到接收地,中途经过至少一次落地并换装的运输。

4.9 甩挂运输 drop and pull transport

用牵引车拖带挂车至目的地,将挂车甩下后,牵引另一挂车继续作业的运输。

4.10 整车运输 truck-load transportation

按整车办理承托手续、组织运送和计费的货物运输。

4.11 零担运输 less-than-truck-load transportation

按零散货物办理承托手续、组织运送和计费的货物运输。

4.12 联合运输 joint transport

一次委托,由两个或两个以上运输企业协同将一批货物运送到目的地的活动。

4.13 多式联运 multimodal transport

联运经营者受托运人、收货人或旅客的委托,为委托人实现两种以上运输方式(含两种)或两程以上(含两程)运输的衔接,以及提供相关运输物流辅助服务的活动。

4.14 仓储 warehousing

利用仓库及相关设施设备进行物品的入库、存贮、出库的活动。

4.15 储存 storing

保护、管理、贮藏物品。

[GB/T 4122.1—1996,定义 4.2]

4.16 库存 stock

储存作为今后按预定的目的使用而处于闲置或非生产状态的物品。广义的库存还包括处于制造加工状态和运输状态的物品。

4.17 存货成本 inventory cost

因存货而发生的各种费用的总和,由物品购入成本、订货成本、库存持有成本等构成。

4.18 保管 storage

对物品进行储存,并对其进行物理性管理的活动。

4.19 仓单 warehouse receipt

保管人(仓库)在与存货人签订仓储保管合同的基础上,对存货人所交付的仓储物品进行验收之后出具的物权凭证。

4.20 仓单质押融资 warehouse receipt loan
出质人以保管人的仓单为质物,向质权人出具的申请贷款的业务,保管人对仓单的真实性和唯一性负责,是物流企业参与下的权利质押业务。

4.21 存货质押融资 inventory financing
需要融资的企业(即借方),将其拥有的存货作为质物,向资金提供企业(即贷方)出质,同时将质物转交给具有合法保管存货资格的物流企业(中介方)进行保管,以获得贷方贷款的业务活动,是物流企业参与下的动产质押业务。

4.22 融通仓 financing warehouse
以周边中小企业为主要服务对象,以流动商品仓储为基础,涵盖中小企业信用整合与再造、实物配送、电子商务与传统商业的综合性服务平台。

4.23 仓储费用 warehousing fee
存货人委托保管人保管货物时,保管人收取存货人的服务费用,包括保管和装卸等各项费用;或企业内部仓储活动所发生的保管费、装卸费以及管理费等各项费用。

4.24 货垛 goods stack
为便于保管和装卸、运输,按一定要求被分类堆放在一起的一批物品。

4.25 堆码 stacking
将物品整齐、规则地摆放成货垛的作业。

4.26 拣选 order picking
按订单或出库单的要求,从储存场所拣出物品,并码放在指定场所的作业。

4.27 物品分类 sorting
按照物品的种类、流向、客户类别等对货物进行分组,并集中码放到指定场所或容器内的作业。

4.28 集货 goods consolidation
将分散的或小批量的物品集中起来,以便进行运输、配送的作业。

4.29 共同配送 joint distribution
由多个企业联合组织实施的配送活动。

4.30 装卸 loading and unloading
物品在指定地点以人力或机械实施垂直位移的作业。

4.31 搬运 handling carrying
在同一场所内,对物品进行水平移动为主的作业。

4.32 包装 packaging
为在流通过程中保护产品、方便储运、促进销售,按一定技术方法而采用的容器、材料及辅助物等的总体名称。也指为了达到上述目的而采用容器、材料和辅助物的过程中施加一定技术方法等的操作活动。
[GB/T 4122.1—1996,定义 2.1]

4.33 销售包装 sales package
直接接触商品并随商品进入零售店和消费者直接见面的包装。

4.34 运输包装 transport package
以满足运输、仓储要求为主要目的的包装。

4.35 流通加工 distribution processing
物品在从生产地到使用地的过程中,根据需要施加包装、分割、计量、分拣、刷标志、拴标签、组装等作业的总称。

4.36 检验 inspection
根据合同或标准,对标的物的品质、数量、规格、包装等进行检查、验证的总称。

4.37 增值物流服务 value-added logistics service

在完成物流基本功能的基础上，根据客户需求提供的各种延伸业务活动。

4.38 定制物流 customized logistics

根据用户的特定要求而为其专门设计的物流服务模式。

4.39 快递 courier

速递 express

特快专递 express-delivery

承运人将物品从发件人所在地通过承运人自身或代理的网络送达收件人手中的一种快速服务方式。

4.40 物流客户服务 logistics customer service

工商企业为支持其核心产品销售而向客户提供的物流服务。

4.41 物流服务质量 logistics service quality

用精度、时间、费用、顾客满意度等来表示的物流服务的品质。

4.42 物品储备 goods reserves

为应对突发公共事件和国家宏观调控的需要，对物品进行的储存。可分为当年储备、长期储备、战略储备。

4.43 订单满足率 fulfillment rate

衡量缺货程度及其影响的指标，用实际交货数量与订单需求数量的比率表示。

4.44 缺货率 stock-out rate

缺货次数与客户订货次数的比率。

4.45 货损率 cargo damages rate

交货时损失的物品量与应交付的物品总量的比率。

4.46 商品完好率 rate of the goods in good condition

交货时完好的物品量与应交付物品总量的比率。

4.47 基本运价 freight unit price

按照规定的车辆、道路、营运方式、货物、箱型等运输条件，所确定的货物和集装箱运输的计价基准，是运价的计价尺度。

4.48 理货 tally

在货物储存、装卸过程中，对货物的分票、计数、清理残损、签证和交接的作业。

4.49 组配 assembly

采用科学的方法进行货物装载。

4.50 订货周期 order cycle time

从客户发出订单到客户收到货物的时间。

4.51 库存周期 inventory cycle time

在一定范围内，库存物品从入库到出库的平均时间。

5 物流技术与设施设备术语

5.1 集装单元 palletized unit

经过专门器具盛放或捆扎处理的，便于装卸、搬运、储存、运输的标准规格的单元货件物品。

5.2 集装单元器具 palletized unit implements

承载物品的一种载体，可把各种物品组成一个便于储运的基础单元。

5.3 集装化 containerization

用集装单元器具或采用捆扎方法，把物品组成集装单元的物流作业方式。

5.4 散装化 in bulk
用专门机械、器具、设备对未包装的散状物品进行装卸、搬运、储存、运输的物流作业方式。

5.5 集装箱 container
一种运输设备,应满足下列要求:
a) 具有足够的强度,可长期反复使用;
b) 适于一种或多种运输方式运送,途中转运时,箱内货物不需换装;
c) 具有快速装卸和搬运的装置,特别便于从一种运输方式转移到另一种运输方式;
d) 便于货物装满和卸空;
e) 具有1立方米及以上的容积。
集装箱这一术语不包括车辆和一般包装。
[GB/T 1992—1985,定义1.1]

5.6 标准箱 twenty-feet equivalent unit（TEU）
以20英尺集装箱作为换算单位。

5.7 特种货物集装箱 specific cargo container
用以装运特种物品的集装箱总称。
[GB/T 4122.1—1996,定义2.2.2]

5.8 集装袋 flexible freight bags
柔性集装箱
一种集装单元器具,配以起重机或叉车,就可以实现集装单元化运输,适用于装运大宗散状粉粒物料。

5.9 周转箱 carton
用于存放物品,可重复、周转使用的器具。

5.10 自备箱 shipper's own container
托运人购置、制造或租用的符合标准的集装箱,印有托运人的标记,由托运人负责管理、维修。

5.11 托盘 pallet
用于集装、堆放、搬运和运输的放置作为单元负荷货物和制物的水平平台装置。
[GB/T 4122.1—1996,定义4.27]

5.12 集装运输 containerized transport
使用集装单元器具或利用捆扎方法,把裸装物品、散状物品、体积较小的成件物品,组合成为一定规格的集装单元进行的运输方式。

5.13 托盘运输 pallet transport
将物品以一定数量组合码放在托盘上,装入运输工具运送物品的方式。

5.14 单元装卸 unit loading & unloading
用托盘、容器或包装物将小件或散装物品集成一定质量或体积的组合件,以便利用机械进行作业的装卸方式。

5.15 托盘包装 palletizing
以托盘为承载物,将物品堆码在托盘上,通过捆扎、裹包、胶粘等方法加以固定,形成一个搬运单元,以便用机械设备搬运的包装技术。

5.16 四号定位 four number location
用库房号、货架号、货架层次号和货格号表明物品储存位置定位方法。

5.17 零库存技术 zero-inventory technology
在生产与流通领域按照准时制组织物品供应,使整个过程库存最小化的技术总称。

5.18 分拣输送系统 sorting & picking system
采用机械设备与自动控制技术实现物品分类、输送和存取的系统。

5.19　自动补货　automatic replenishment

　　基于计算机信息技术，快捷、准确地获取客户销售点的需求信息，预测未来商品需求，并据此持续补充库存的一种技术。

5.20　直接换装　cross docking

　　越库配送

　　物品在物流环节中，不经过中间仓库或站点，直接从一个运输工具换载到另一个运输工具的物流衔接方式。

5.21　冷链　cold chain

　　根据物品特性，为保持物品的品质而采用的从生产到消费的过程中始终处于低温状态的物流网络。

5.22　交通枢纽　traffic hub

　　在一种或多种运输方式的干线交叉与衔接处，共同为办理旅客与物品中转、发送、到达所建设的多种运输设施的综合体。

5.23　集装箱货运站　container freight station（CFS）

　　拼箱货物拆箱、装箱、办理交接的场所。

5.24　集装箱码头　container terminal

　　专供停靠集装箱船、装卸集装箱用的码头。

　　［GB/T 17271—1998，定义 3.1.2.2］

5.25　基本港口　base port

　　指定班轮公司的船一般要定期挂靠，设备条件比较好，货载多而稳定并且不限制货量的港口。其货物一般为直达运输，无需中途转船；若船方决定中途转船则不得向船方加收转船附加费或直航附加费。

5.26　全集装箱船　full container ship

　　舱内设有固定式或活动式的格栅结构，舱盖上和甲板上设置固定集装箱的系紧装置，便于集装箱作业及定位的船舶。

　　［GB/T 17271—1998，定义 3.1.1.1］

5.27　公路集装箱中转站　inland container depot

　　具有集装箱中转运输与门到门运输和集装箱货物的拆箱、装箱、仓储和接取、送达、装卸、堆存的场所。

　　［GB/T 17271—1998，定义 3.1.3.9］

5.28　铁路集装箱堆场　railway container yard

　　进行集装箱承运、交付、装卸、堆存、装拆箱、门到门作业，组织集装箱专列等作业的场所。

5.29　专用线　special railway line

　　在铁路常规经营线网以外，而又与铁路营业网相衔接的各类企业或仓库或向铁路部门租用的铁路。

5.30　自营仓库　private warehouse

　　由企业或各类组织自营自管，为自身提供储存服务的仓库。

5.31　公共仓库　public warehouse

　　面向社会提供物品储存服务，并收取费用的仓库。

5.32　自动化立体仓库　automatic storage and retrieval system（AS/RS）

　　立体仓库

　　自动存储取货系统

　　由高层货架、巷道堆垛起重机（有轨堆垛机）、入出库输送机系统、自动化控制系统、计算机仓库管理系统及其周边设备组成，可对集装单元物品实现自动化存取和控制的仓库。

5.33　交割仓库　transaction warehouse

　　经专业交易机构核准、委托，为交易双方提供货物储存和交付服务的仓库。

5.34　控湿储存区　humidity controlled space

　　仓库内配有湿度调制设备，使内部湿度可调的库房区域。

5.35 冷藏区 chill space
仓库内温度保持在0~10℃范围的区域。

5.36 冷冻区 freeze space
仓库内温度保持在0℃以下的区域。

5.37 收货区 receiving space
对仓储物品入库前进行核查、检验的作业区域。

5.38 理货区 tallying space
在物品储存、装卸过程中，对其进行分类、整理、捆扎、集装、计数和清理残损等作业的区域。

5.39 叉车 fork lift truck
具有各种叉具，能够对物品进行升降和移动以及装卸作业的搬运车辆。

5.40 叉车属具 attachments of fork lift trucks
为扩大叉车对特定物品的作业而附加或替代原有货叉的装置。

5.41 称量装置 load weighing devices
针对起重、运输、装卸、包装、配送以及生产过程中的物料实施重量检测的设备。

5.42 货架 rack
用立柱、隔板或横梁等组成的立体储存物品的设施。

5.43 重力式货架 live pallet rack
一种密集存储单元物品的货架系统。在货架每层的通道上，都安装有一定坡度的、带有轨道的导轨，入库的单元物品在重力的作用下，由入库端流向出库端。

5.44 移动式货架 mobile rack
在底部安装有行走轮使其可在地面轨道上移动的货架。

5.45 驶入式货架 drive-in rack
可供叉车（或带货叉的无人搬运车）驶入并存取单元托盘物品的货架。

5.46 码垛机器人 robot palletizer
能自动识别物品，将其整齐地、自动地码（或拆）在托盘上的机器人。

5.47 起重机械 hoisting machinery
一种以间歇作业方式对物品进行起升、下降和水平移动的搬运机械。

5.48 牵引车 tow tractor
用以牵引一组无动力台车的搬运车辆。

5.49 升降台 lift table（LT）
能垂直升降和水平移动货物或集装单元器具的专用设备。

5.50 手动液压升降平台车 scissor lift table
采用手压或脚踏为动力，通过液压驱动使载重平台作升降运动的手推平台车。

5.51 输送机 conveyors
按照规定路线连续地或间歇地运送散装物品和成件物品的搬运机械。

5.52 箱式车 box car
具有全封闭的箱式车身的货运车辆。

5.53 自动导引车 automatic guided vehicle（AGV）
具有自动导引装置，能够沿设定的路径行驶，在车体上具有编程和停车选择装置、安全保护装置以及各种物品移载功能的搬运车辆。

5.54 站台登车桥 dock levelers
当货车底板平面与货场站台平面有高度差时，为使手推车辆、叉车无障碍地进入车厢内的装置。

6 物流信息术语

6.1 物流信息编码 logistics information coding

将物流信息用一种易于被电子计算机或人识别的符号体系表示出来的过程。

6.2 货物编码 goods coding

按货物分类规则以简明的文字、符号或数字表示物品的名称、类别及其他属性并进行有序排列的一种方法。

6.3 条码 bar code

由一组规则排列的条、空及其对应字符组成的标记,用以表示一定的信息。

6.4 二维码 two-dimensional bar code

在二维方向上都表示信息的条码符号。

6.5 贸易项目 trade item

从原材料直至最终用户可具有预先定义特征的任意一项产品或服务,对于这些产品和服务,在供应链过程中有获取预先定义信息的需求,并且可以在任意一点进行定价、订购或开具发票

[GB/T19251—2003,定义3.1]

6.6 物流单元 logistics unit

供应链管理中运输或仓储的一个包装单元。

[GB/T18127—2000,定义3.1]

6.7 物流标签 logistics label

表示物流单元相关信息的各种质地的信息载体。

6.8 商品标识代码 identification code for commodity

由国际物品编码协会(EAN)和统一代码委员会(UCC)规定的、用于标识商品的一组数字,包括EAN/UCC-13、EAN/UCC-8 和 UCC-12 代码。

6.9 全国产品与服务统一代码 national product code(NPC)

全国产品与服务统一代码由13位数字本体代码和1位数字校验码组成,是产品和服务在其生命周期内拥有的一个唯一不变的代码标识。

注:国家标准《全国产品与服务统一代码编制规则》GB 18937—2003规定了全国产品与服务统一代码的使用范围、代码结构及其表现形式。

6.10 产品电子代码 electronic product code(EPC)

开放的、全球性的编码标准体系,由标头、管理者代码、对象分类和序列号组成,是每个产品的唯一性代码。

注:标头标识 EPC 的长度、结构和版本,管理者代码标识某个公司实体,对象分类码标识某种产品类别,序列号标识某个具体产品。

6.11 产品电子代码系统 EPC system

在计算机互联网和无线通信等技术基础上,利用 EPC 标签、射频识读器、中间件、对象名解析、信息服务和应用系统等技术构造的一个实物信息互联系统。

注:EPC 标签为含有电子产品代码(EPC)的电子装置;中间件为管理 EPC 识读过程并与相关应用或服务交换识读结果等信息的程序;对象名解析为解析给定的 EPC 并获得指向含有对应产品信息数据库位置的程序;信息服务为按照不同的应用服务要求,查询(或写入)产品信息,并把查询结果按要求组织后送回应用服务的程序。

6.12 全球位置码 global location number(GLN)

运用 EAN·UCC 系统,对法律实体、功能实体和物理实体进行位置准确、惟一标识的代码。

6.13 全球贸易项目标识代码 global trade item number(GTIN)

在世界范围内贸易项目的唯一标识代码,其结构为14位数字。

6.14 应用标识符 application identifier (AI)

EAN·UCC系统中,标识数据含义与格式的字符。

[GB/T16986—2003,定义3.1]

6.15 系列货运包装箱代码 serial shipping container code (SSCC)

EAN·UCC系统中,对物流单元进行唯一标识的代码。

6.16 单个资产标识代码 global individual asset identifier (GIAI)

EAN·UCC系统中,用于一个特定厂商的财产部分的单个实体的唯一标识的代码。

6.17 可回收资产标识代码 global returnable asset identifier (GRAI)

EAN·UCC系统中,用于标识通常用于运输或储存货物并能重复使用的实体的代码。

6.18 自动识别与数据采集 automatic identification and data capture (AIDC)

对字符、影像、条码、声音等记录数据的载体进行机器识别,自动获取被识别物品的相关信息,并提供给后台的计算机处理系统来完成相关后续处理的一种技术。

6.19 条码自动识别技术 bar code automatic identification technology

运用条码进行自动数据采集的技术,主要包括编码技术、符号表示技术、识读技术、生成与印制技术和应用系统设计等。

6.20 条码系统 bar code system

由条码符号设计、制作及扫描识读组成的系统。

6.21 条码标签 bar code tag

印有条码符号的信息载体。

6.22 条码识读器 bar code reader

识读条码符号的设备。

6.23 条码打印机 bar code printer

能制作一种供机器识别的光学形式符号文件的打印机,它的印刷有严格的技术要求和检测规范。

6.24 射频识别 radio frequency identification (RFID)

通过射频信号识别目标对象并获取相关数据信息的一种非接触式的自动识别技术。

6.25 射频识别系统 radio frequency identification system

由射频标签、识读器、计算机网络和应用程序及数据库组成的自动识别和数据采集系统。

6.26 射频标签 radio frequency tag

安装在被识别对象上,存储被识别对象的相关信息的电子装置。

6.27 射频识读器 RFID reader

射频识别系统中一种固定式或便携式自动识别与数据采集设备。

6.28 电子数据交换 electronic data interchange (EDI)

采用标准化的格式,利用计算机网络进行业务数据的传输和处理。

6.29 电子通关 electronic clearance

对符合特定条件的报关单证,海关采用处理电子单证数据的方法,利用计算机完成单证审核、征收税费、放行等海关作业的通关方式。

6.30 电子认证 electronic authentication

采用电子技术检验用户合法性的操作。其主要内容有以下三个方面:

a) 保证自报姓名的个人和法人的合法性的本人确认;

b) 保证个人或企业间收发信息在通信的途中和到达后不被改变的信息认证;

c) 数字签名。

6.31 电子报表 e-report

用网络进行提交、传送、存储和管理的数字化报表。

6.32 电子采购 e-procurement

利用计算机网络和通信技术与供应商建立联系，并完成获得某种特定产品或服务的活动。

6.33 电子商务 e-commerce（EC）

以电子形式进行的商务活动，它在供应商、消费者、政府机构和其他业务伙伴之间通过任意电子方式实现标准化的业务信息的共享，以管理和执行商业、行政和消费活动中的交易。

6.34 地理信息系统 geographical information system（GIS）

由计算机软硬件环境、地理空间数据、系统维护和使用人员四部分组成的空间信息系统，可对整个或部分地球表层（包括大气层）空间中有关地理分布数据进行采集、储存、管理、运算、分析显示和描述。

6.35 全球定位系统 global positioning system（GPS）

由一组卫星组成的、24小时提供高精度的全球范围的定位和导航信息的系统。

6.36 智能运输系统 intelligent transportation system（ITS）

综合利用信息技术、数据通讯传输技术、电子控制技术以及计算机处理技术对传统的运输系统进行改造而形成的新型运输系统。

6.37 货物跟踪系统 goods-tracked system

利用自动识别、全球定位系统、地理信息系统、通信等技术，获取货物动态信息的技术系统。

6.38 仓库管理系统 warehouse management system（WMS）

为提高仓储作业和仓储管理活动的效率，对仓库实施全面管理的计算机信息系统。

6.39 销售时点系统 point of sale（POS）

利用光学式自动读取设备，按照商品的最小类别读取实时销售信息以及采购、配送等阶段发生的各种信息，并通过通讯网络将其传送给计算机系统进行加工、处理和传送，以便各部门可以根据各自的目的有效地利用上述信息的系统。

6.40 电子订货系统 electronic order system（EOS）

不同组织间利用通信网络和终端设备进行订货作业与订货信息交换的体系。

6.41 物流信息技术 logistics information technology

物流各环节中应用的信息技术，包括计算机、网络、信息分类编码、自动识别、电子数据交换、全球定位系统、地理信息系统等技术。

6.42 物流管理信息系统 logistics management information system

由计算机软硬件、网络通信设备及其他办公设备组成的，在物流作业、管理、决策方面对相关信息进行收集、存储、处理、输出和维护的人机交互系统。

6.43 物流公共信息平台 logistics information platforms

基于计算机通信网络技术，提供物流设备、技术、信息等资源共享服务的信息平台。

6.44 物流系统仿真 logistics system simulation

借助计算机仿真技术，对物流系统建模并进行实验，得到各种动态活动及其过程的瞬间仿效记录，进而研究物流系统性能的方法。

7 物流管理术语

7.1 仓库布局 warehouse layout

在一定区域或库区内，对仓库的数量、规模、地理位置和仓库设施、道路等各要素进行科学规划和总体设计。

7.2 ABC分类管理 ABC classification

将库存物品按品种和占用资金的多少分为特别重要的库存（A类）、一般重要的库存（B类）和不重要的库存（C类）三个等级，然后针对不同等级分别进行控制。

7.3 安全库存 safety stock

保险库存

用于应对不确定性因素（如大量突发性订货、交货期突然延期等）而准备的缓冲库存。

7.4 经常库存 cycle stock
为满足日常需要而设立的库存。

7.5 仓储管理 inventory management
对仓储设施布局和设计以及仓储作业所进行的计划、组织、协调与控制。

7.6 存货控制 inventory control
在保障供应的前提下，使库存物品的数量合理所进行的有效管理的技术经济措施。

7.7 供应商管理库存 vendor managed inventory（VMI）
按照双方达成的协议，由供应链的上游企业根据下游企业的物料需求计划、销售信息和库存量，主动对下游企业的库存进行管理和控制的供应链库存管理方式。

7.8 定量订货制 fixed-quantity system（FQS）
当库存量下降到预定的库存数量（订货点）时，按经济订货批量为标准进行订货的一种库存管理方式。

7.9 定期订货制 fixed-interval system（FIS）
按预先确定的订货间隔期进行订货的一种库存管理方式。

7.10 经济订货批量 economic order quantity（EOQ）
通过平衡采购进货成本和保管仓储成本核算，以实现总库存成本最低的最佳订货批量。

7.11 连续补货计划 continuous replenishment program（CRP）
利用及时准确的销售时点信息确定已销售的商品数量，根据零售商或批发商的库存信息和预先规定的库存补充程序确定发货补充数量和配送时间的计划方法。

7.12 联合库存管理 joint managed inventory（JMI）
供应链成员企业共同制定库存计划，并实施库存控制的供应链库存管理方式。

7.13 物流成本管理 logistics cost control
对物流活动发生的相关费用进行的计划、协调与控制。

7.14 物流战略管理 logistics strategy management
通过物流战略设计、战略实施、战略评价与控制等环节，调节物流资源、组织结构等最终实现物流系统宗旨和战略目标的一系列动态过程的总和。

7.15 物流资源计划 logistics resource planning（LRP）
以物流为手段，打破生产与流通界限，集成制造资源计划、能力资源计划、配送资源计划以及功能计划而形成的资源优化配置方法。

7.16 供应商关系管理 supplier relationships management（SRM）
一种致力于实现与供应商建立和维持长久、紧密合作伙伴关系，旨在改善企业与供应商之间关系的管理模式。

7.17 客户关系管理 customer relationships management（CRM）
一种致力于实现与客户建立和维持长久、紧密合作伙伴关系，旨在改善企业与客户之间关系的管理模式。

7.18 准时制物流 just-in-time logistics
与准时制管理模式相适应的物流管理方式。

7.19 有效客户反应 efficient customer response（ECR）
以满足顾客要求和最大限度降低物流过程费用为原则，能及时做出准确反应，使提供的物品供应或服务流程最佳化的一种供应链管理策略。

7.20 快速反应 quick response（QR）
供应链成员企业之间建立战略合作伙伴关系，利用EDI等信息技术进行信息交换与信息共享，用高频率小批量配送方式补货，以实现缩短交货周期，减少库存，提高顾客服务水平和企业竞争力为目的的一种供应链管理策略。

7.21 物料需求计划 material requirements planning（MRP）

制造企业内的物料计划管理模式。根据产品结构各层次物品的从属和数量关系，以每个物品为计划对象，以完工日期为时间基准倒排计划，按提前期长短区别各个物品下达计划时间的先后顺序。

7.22 制造资源计划 manufacturing resource planning（MRPⅡ）

在 MRP 的基础上，增加营销、财务和采购功能，对企业制造资源和生产经营各环节实行合理有效的计划、组织、协调与控制，达到既能连续均衡生产，又能最大限度地降低各种物品的库存量，进而提高企业经济效益的管理方法。

7.23 配送需求计划 distribution requirements planning（DRP）

一种既保证有效地满足市场需求，又使得物流资源配置费用最省的计划方法，是 MRP 原理与方法在物品配送中的运用。

7.24 配送资源计划 distribution resource planning（DRPⅡ）

在 DRP 的基础上提高配送各环节的物流能力，达到系统优化运行目的的企业内物品配送计划管理方法。

7.25 企业资源计划 enterprise resource planning（ERP）

在 MRP Ⅱ 的基础上，通过前馈的物流和反馈的信息流、资金流，把客户需求和企业内部的生产经营活动以及供应商的资源整合在一起，体现完全按用户需求进行经营管理的一种全新的管理方法。

7.26 协同计划、预测与补货 collaborative planning, forecasting and replenishment（CPFR）

应用一系列的信息处理技术和模型技术，提供覆盖整个供应链的合作过程，通过共同管理业务过程和共享信息来改善零售商和供应商之间的计划协调性，提高预测精度，最终达到提高供应链效率、减少库存和提高客户满意程度为目的的供应链库存管理策略。

7.27 物流外包 logistics outsourcing

企业为了获得比单纯利用内部资源更多的竞争优势，将其部分或全部物流业务交由合作企业完成。

7.28 延迟策略 postponement strategy

为了降低供应链的整体风险，减少错误生产或不准确的库存安排，有效地满足客户个性化的需求，将最后的生产环节或物流环节推迟到客户提供订单以后进行的一种经营战略。

7.29 物流流程重组 logistics process reengineering

从顾客需求出发，通过物流活动各要素的有机组合，对物流管理和作业流程进行优化设计。

7.30 物流总成本分析 total cost analysis

判别物流各环节中系统变量之间的关系，在特定的客户服务水平下使物流总成本最小化的物流管理方法。

7.31 物流作业成本法 logistics activity-based costing

以特定物流活动成本为核算对象，通过成本动因来确认和计算作业量，进而以作业量为基础分配间接费用的物流成本管理方法。

7.32 效益背反 trade off

一种活动的高成本，会因另一种物流活动成本的降低或效益的提高而抵消的相互作用关系。

7.33 社会物流总额 total value of social logistics goods

一定时期内，社会物流的物品的价值总额。即进入社会物流领域的农产品、工业品、再生资源品、进口物品、单位（组织）与居民物品价值额的总和。

7.34 社会物流总费用 total social logistics costs

一定时期内，国民经济各方面用于社会物流活动的各项费用支出。包括支付给社会物流活动各环节的费用、应承担的物品在社会物流期间发生的损耗、社会物流活动中因资金占用而应承担的利息支出和发生的管理费用等。

8 国际物流术语

8.1 国际多式联运 international multimodal transport
按照多式联运合同,以至少两种不同的运输方式,由多式联运经营人将货物从一国境内的接管地点运至另一国境内指定交付地点的货物运输。

8.2 国际航空货物运输 international airline transport
货物的出发地、约定的经停地和目的地之一不在同一国境内的航空运输。

8.3 国际铁路联运 international through railway transport
使用一份统一的国际铁路联运票据,由跨国铁路承运人办理两国或两国以上铁路的全程运输,并承担运输责任的一种连贯运输方式。

8.4 班轮运输 liner transport
在固定的航线上,以既定的港口顺序,按照事先公布的船期表航行的水上运输经营方式。

8.5 租船运输 shipping by chartering
货主或其代理人租赁其他人的船舶、将货物送达到目的地的水上运输经营方式。

8.6 大陆桥运输 land bridge transport
用横贯大陆的铁路或公路作为中间桥梁,将大陆两端的海洋运输连接起来的连贯运输方式。

8.7 转关运输 tran-customs transportation
进出口货物在海关监管下,从一个海关运至另一个海关办理海关手续的行为。

8.8 报关 customs declaration
进出境运输工具的负责人、进出境货物的所有人、进出口货物的收发货人或其代理人向海关办理运输工具、货物、物品进出境手续的全过程。

8.9 报关行 customs broker
专门代办进出境报关业务的企业。

8.10 不可抗力 force majeure
人力不能抗拒也无法预防的事故。有由自然因素引起的,如水灾、旱灾、暴雨、地震等;也有由社会因素引起的,如罢工、战争、政府禁令等。

8.11 保税货物 bonded goods
经海关批准未办理纳税手续进境,在境内储存、加工、装配后复运出境的货物。

8.12 海关监管货物 cargo under custom's supervision
进出口货物、过境、转运、通运货物,特定减免税货物,以及暂时进出口货物、保税货物和其他尚未办结海关手续的进出境货物。

8.13 拼箱货 less than container load (LCL)
一个集装箱装入多个托运人或多个收货人的货物。
[GB/T 17271—1998,定义 3.2.4.3]

8.14 整箱货 full container load (FCL)
一个集装箱装满一个托运人同时也是一个收货人的货物。
[GB/T 17271—1998,定义 3.2.4.2]

8.15 通运货物 through goods
由境外启运,经船舶或航空器载运入境后,仍由原载运工具继续运往境外的货物。

8.16 转运货物 transit cargo
由境外启运,到我国境内设关地点换装运输工具后,不通过我国境内陆路运输,再继续运往境外的货物。

8.17 过境货物 transit goods
由境外启运、通过境内的陆路运输继续运往境外的货物。

8.18 到货价格 delivered price

货物交付时点的现行市价,其中含包装费、保险费、运送费等。

8.19 出口退税 drawback

国家为帮助出口企业降低成本,增强出口产品在国际市场上的竞争力,鼓励出口创汇,而实行的由国内税务机关退还出口商品国内税的措施。

8.20 海关估价 customs ratable price

一国海关为征收关税,根据统一的价格准则,确定某一进口(出口)货物价格的过程。

8.21 等级标签 grade labeling

在产品的包装上用以说明产品品质级别的标志。

8.22 等级费率 class rate

将全部货物划分为若干个等级,按照不同的航线分别为每一个等级制定一个基本运价的费率。归属于同一等级的货物,均按该等级费率计收运费。

8.23 船务代理 shipping agency

接受船舶所有人(船公司)、船舶经营人、承租人或货主的委托,在授权范围内代表委托人办理与在港船舶有关的业务、提供有关的服务或进行与在港船舶有关的其他法律行为的经济组织。

8.24 国际货运代理 international freight forwarding agent

接受进出口货物收货人、发货人的委托,以委托人或自己的名义,为委托人办理国际货物运输及相关业务,并收取劳务报酬的经济组织。

8.25 航空货运代理 airfreight forwarding agent

以货主的委托代理人身份办理有关货物的航空运输手续的服务方式。

8.26 无船承运人 non-vessel operating common carrier (NVOCC)

不拥有运输工具,但以承运人身份发布运价,接受托运人的委托,签发提单或其他运输单证,收取运费,并通过与有船承运人签订运输合同,承担承运人责任,完成国际海上货物运输的经营者。

8.27 索赔 claim for damages

承托双方中受经济损失方向责任方提出赔偿经济损失的要求。

8.28 理赔 settlement of claim

承托双方中责任方对受经济损失方提出的经济赔偿要求的处理。

8.29 国际货物运输保险 international transportation cargo insurance

以运输过程中的各种货物作为保险标的,投保人(或称被保险人)向承保人(或称保险人)按一定金额投保一定的险别,并缴纳保险费,取得保险单据,承保人负责对投保货物在运输过程中遭受投保险别责任范围内的损失,按投保金额及损失程度给予保险单据持有人经济上的补偿。

8.30 原产地证明 certificate of origin

出口国(地区)根据原产地规则和有关要求签发的,明确指出该证中所列货物原产于某一特定国家(地区)的书面文件。

8.31 进出口商品检验 import and export commodity inspection

对进出口商品的种类、品质、数量、重量、包装、标志、装运条件、产地、残损及是否符合安全、卫生要求等进行法定检验、公证鉴定和监督管理。

8.32 清关 clearance

结关

报关单位已经在海关办理完毕进出口货物通关所必需的所有手续,完全履行了法律规定的与进出口有关的义务,包括纳税、提交许可证件及其他单证等,进口货物可以进入国内市场自由流通,出口货物可以运出境外。

8.33 滞报金 fee for delayed declaration

进口货物的收货人或其他代理人超过海关规定的申报期限，未向海关申报，由海关依法征收的一定数额的款项。

8.34 装运港船上交货 free on board（FOB）

卖方在合同规定的装运期内，在指定装运港将货物交至买方指定的船上，并负担货物在指定装运港越过船舷为止的一切费用和风险。

8.35 成本加运费 cost and freight（CFR）

卖方负责租船订舱，在合同规定的装运期内将货物交至运往指定目的港的船上，并负担货物在装运港越过船舷为止的一切费用和风险。

8.36 成本加保险费加运费 cost, insurance and freight（CIF）

卖方负责租船订舱，办理货运保险，在合同规定的装运期内在装运港将货物交至运往指定目的港的船上，并负担货物在装运港越过船舷为止的一切费用和风险。

8.37 进料加工 processing with imported materials

有关经营单位或企业用外汇进口部分原材料、零部件、元器件、包装物料、辅助材料（简称料件），加工成成品或半成品后销往国外的一种贸易方式。

8.38 来料加工 processing with supplied materials

由外商免费提供全部或部分原料、辅料、零配件、元器件、配套件和包装物料，委托我方加工单位按外商的要求进行加工装配，成品交外商销售，我方按合同规定收取工缴费的一种贸易方式。

8.39 保税仓库 boned warehouse

经海关批准设立的专门存放保税货物及其他未办结海关手续货物的仓库。

8.40 保税工厂 bonded factory

经海关批准专门生产出口产品的保税加工装配企业。

8.41 保税区 bonded area

在境内的港口或邻近港口、国际机场等地区建立的在区内进行加工、贸易、仓储和展览由海关监管的特殊区域。

8.42 A型保税物流中心 bonded logistics center of A type

经海关批准，由中国境内企业法人经营、专门从事保税仓储物流业务的海关监管场所。

8.43 B型保税物流中心 bonded logistics center of B type

经海关批准，由中国境内一家企业法人经营，多家企业进入并从事保税仓储物流业务的海关集中监管场所。

8.44 出口监管仓库 export supervised warehouse

经海关批准设立，对已办结海关出口手续的货物进行存储、保税物流配送、提供流通性增值服务的海关专用监管仓库。

8.45 出口加工区 export processing zone

经国务院批准设立从事产品外销加工贸易并由海关封闭式监管的特殊区域。

8.46 定牌包装 packing of nominated brand

买方要求在出口商品包装上使用买方指定的品牌名称或商标的做法。

8.47 中性包装 neutral packing

在出口商品及其内外包装上都不注明生产国别的包装。

8.48 海运提单 bill of lading（B/L）

用以证明海上货物运输合同和货物已经由承运人接收或者装船，以及承运人保证据以交付货物的单证。

参 考 文 献

[1] 王槐林,刘明菲.物流管理学.武汉:武汉大学出版社,2005.
[2] 蒋长兵.现代物流管理案例集.北京:中国物资出版社,2005.
[3] 王宵涵.物流仓储业务管理模板与岗位操作流程.北京:中国经济出版社,2005.
[4] 潘迎宪.物流仓储管理.成都:四川大学出版社,2006.
[5] 张清,杜杨.国际物流与货运代理.北京:机械工业出版社,2004.
[6] GB/T 18354—2001.物流通用基础标准.北京:中国标准出版社,2001.
[7] 程淑丽.物流管理职位工作手册.第2版.北京:人民邮电出版社,2009.
[8] 蒋乃平.职业生涯规划.北京:高等教育出版社,2009.
[9] 杨少清.最新现代物流管理百科全书.北京:中国知识出版社,2006.
[10] 广东省物流协会.2008年广东省物流行业统计年报.广州:广东省物流协会编辑部,2009.

"管理实践在中国"丛书项目

顾问委员会

  宋志平 黄怒波 汪丁丁 宫玉振

项目总策划

  张宇伟 岳占仁

编辑委员会

主　任

  宋志平

副主任

  张宇伟 时　静

委员（按姓氏拼音排序）

  刘长征 王海山 谢晓绚 张　弛 张　捷